SIGILO e ÉTICA do/a ASSISTENTE SOCIAL

Coordenadora do Conselho Editorial de Serviço Social
Maria Liduína de Oliveira e Silva

Conselho Editorial de Serviço Social
Ademir Alves da Silva
Dilséa Adeodata Bonetti *(in memoriam)*
Elaine Rossetti Behring
Ivete Simionatto
Maria Lúcia Carvalho da Silva *(in memoriam)*
Maria Lucia Silva Barroco

Dados Internacionais de Catalogação na Publicação (CIP)
(Câmara Brasileira do Livro, SP, Brasil)

Fernandes, Neide A.
  Sigilo e ética do/a assistente social / Neide A. Fernandes. — São Paulo : Cortez, 2018.

  ISBN 978-85-249-2707-2

  1. Assistentes sociais - Brasil 2. Assistentes sociais - Ética profissional 3. Constituição 4. Serviço social como profissional 5. Serviço social - Leis e legislação - Brasil I. Título.

18-21241   CDD-361.301

Índices para catálogo sistemático:
1. Serviço social e ética   361.301

Iolanda Rodrigues Biode - Bibliotecária - CRB-8/10014

Neide A. Fernandes

SIGILO e ÉTICA do/a ASSISTENTE SOCIAL

CORTEZ EDITORA

SIGILO E ÉTICA DO/A ASSISTENTE SOCIAL
Neide A. Fernandes

Capa: de Sign Arte Visual
Preparação de originais: Patrizia Zagni
Revisão: Maria de Lourdes de Almeida
Projeto gráfico e diagramação: Linea Editora
Coordenação editorial: Danilo A. Q. Morales
Assessoria editorial: Maria Liduína de Oliveira e Silva
Editora-assistente: Priscila Flório Augusto

Nenhuma parte desta obra pode ser reproduzida ou duplicada sem autorização expressa da autora e do editor.

© 2018 by Autora

CORTEZ EDITORA
Rua Monte Alegre, 1074 — Perdizes
05014-001 — São Paulo-SP — Brasil
Tel.: +55 11 3864-0111 / 3803-4800
www.cortezeditora.com.br
E-mail: cortez@cortezeditora.com.br

Impresso no Brasil — novembro de 2018

Desconfiai do mais trivial, na aparência singelo.
E examinai, sobretudo, o que parece habitual.
Suplicamos expressamente:
não aceiteis o que é de hábito como coisa natural.
Pois em tempo de desordem sangrenta,
de confusão organizada,
de arbitrariedade consciente,
de humanidade desumanizada,
nada deve parecer natural.
Nada deve parecer impossível de mudar.

Bertolt Brecht

Ao meu filho, Gabriel, cujas existência e singularidade desse amor me alimentam para os enfrentamentos da rispidez de parte da cotidianidade.

AGRADECIMENTOS

A toda a minha família pela dor e a delícia de ser o que somos.

A Ronaldo, por todo o carinho e apoio permanente, uma fonte de entrega.

Aos colegas de trabalho, cujo companheirismo inconteste do dia a dia me incentiva a acreditar na potência de relações fraternas.

Às parceiras de formação profissional, graduação e pós-graduação, pelos laços de amizade e carinho pela história de cada uma.

Aos companheiros de militância, pois cada ativista nos faz continuar na luta por uma sociedade mais justa e terão sempre minha admiração.

A Francisco, um verdadeiro amigo para toda a vida; generosidade em pessoa.

A Liduína, companheira de muitos momentos, em especial na docência: muita reciprocidade na luta e na vida.

A Lucia Barroco, grande mestre e amiga, por tudo o que me ensinou, ensina e cuja postura proporciona momentos de humanização, alimentando-nos (em especial ao grupo do NEPEDH) muito além das questões intelectuais.

Em especial às profissionais que tão gentilmente se disponibilizaram, em um momento em que o tempo é o mais precioso dos bens, em conceder as entrevistas sobre as suas instigantes vivências, sem as quais seria impossível chegar ao produto deste estudo.

SUMÁRIO

PREFÁCIO — Maria Lucia Barroco 13

APRESENTAÇÃO 17

INTRODUÇÃO 23

CAPÍTULO I. Dimensão normativa do sigilo profissional......... 39
  1. Normativas gerais sobre o sigilo profissional.. 41
    1.1. Previsão de quebra do sigilo nas legislações gerais.. 46
  2. Normas éticas sobre o sigilo em outras profissões... 50
  3. O sigilo no Serviço Social 63
    3.1 O sigilo no Serviço Social nos Códigos de Ética 64
    3.2 Resoluções do Serviço Social sobre o sigilo... 79
    3.3. Pareceres jurídicos sobre o sigilo 86

CAPÍTULO II. Desafios no trabalho profissional do/a assistente social relacionados ao sigilo na atualidade 89

1. Condições de trabalho.. 100
2. Dificuldades na relação com as chefias e gestores 104
3. Relação com as instâncias do Sistema de Justiça 107
4. Solicitação de dados cadastrais dos usuários. 114
5. Problematizações em geral da categoria 116

CAPÍTULO III. Experiências de assistentes sociais relacionadas ao sigilo na defesa dos direitos humanos 133

1. Elementos introdutórios às especificidades do sigilo 138
2. Particularidades do sigilo no cotidiano profissional... 152

    2.1 O sigilo profissional e a atuação em equipe multiprofissional............................. 152
    2.2 Sigilo e informatização nos registros de atendimento 156
    2.3 Sigilo e condições de trabalho 161
    2.4 Tensionamentos ético-políticos sobre o sigilo... 163
    2.5 Justificativas à revelação do sigilo profissional.. 189

3. Ações cotidianas na defesa dos direitos humanos 199

CONSIDERAÇÕES FINAIS.. 209

REFERÊNCIAS 219

PREFÁCIO

Nos últimos anos, o sigilo profissional emergiu como tema de debate nacional no Serviço Social. Este processo propiciou a socialização de denúncias sobre as condições de trabalho que envolvem o sigilo, desvelando o significado da necessidade desta discussão: não se trata de questionar o sigilo profissional — um dos deveres e direitos mais consistentes do compromisso profissional com os usuários e com as prerrogativas éticas da profissão —, trata-se de buscar estratégias para o enfrentamento de situações cotidianas que, na atual conjuntura, incidem sobre a quebra do sigilo.

Desse modo, na raiz da discussão sobre o sigilo encontram-se as condições de trabalho profissional e as formas neoconservadoras de enfrentamento das expressões da questão social por parte do Estado e das instituições, no cenário brasileiro de desmonte neoliberal dos direitos sociais e de implementação de políticas punitivas e criminalizatórias.

Várias situações têm despertado conflitos éticos em função de pressões institucionais para que o/a assistente social rompa com o sigilo ou execute tarefas policialescas e de responsabilidade da justiça, como oferecer provas a respeito dos usuários através de depoimentos e práticas de mediação; fazer denúncias e elaborar relatórios sobre os usuários, dando detalhes de sua vida pessoal; entregar prontuários à justiça, entre outros.

Estas e outras situações limitam e entravam a realização da ética profissional, demandando a criação de estratégias de resistência e de enfrentamento político, o que supõe organização coletiva e capacitação teórica.

Este livro que apresento trata da questão do sigilo de forma competente e acessível. Valendo-se de uma perspectiva histórica, a autora situa o tema no interior da ética e das particularidades da ética profissional, em sua relação com os princípios da liberdade e dos direitos humanos, tratados como construções históricas, apontando seus limites e possibilidades na sociedade burguesa.

A abordagem do sigilo, fugindo de uma caracterização formal, discute a sua inserção na sociedade, nas legislações brasileiras, apresentando as previsões acerca da quebra de sigilo em diversas leis que tratam dos direitos sociais. Referido às profissões, o sigilo é tratado como parte da ética profissional, indicando-se o seu significado histórico, a partir das normativas de profissões como a medicina, a psicologia, a enfermagem, o direito etc., para se aproximar do Serviço Social. Discute, então, as formas de sigilo constitutivas dos Códigos de Ética do Serviço Social, debatendo suas especificidades e vinculando o sigilo às regulamentações profissionais e aos pareceres jurídicos emitidos pelo Conselho Federal de Serviço Social (CFESS).

Para discutir as determinações históricas que incidem sobre a questão do sigilo atualmente, a autora realiza uma análise de conjuntura, destacando alguns dos entraves à garantia ética do sigilo profissional: as condições de trabalho, as relações institucionais; a relação com o Sistema de Justiça, entre outros.

Foi realizada uma pesquisa, com quatorze entrevistas com assistentes sociais de diversas instituições públicas e programas do Estado de São Paulo, cujos dados revelam inúmeras questões relevantes para o entendimento do exercício profissional cotidiano em sua relação com as condições favorecedoras ou não de objetivação do sigilo profissional. Este estudo mostra que existe uma tensão permanente entre a intencionalidade profissional dirigida à materialização dos princípios e valores da ética profissional e as condições objetivas dadas pela realidade adversa da conjuntura, das instituições e do conservadorismo de parcela da profissão.

Mas isso não significa a impossibilidade absoluta de materialização do sigilo e do Código de Ética. As tensões estão presentes na totalidade social e revelam-se especialmente para os sujeitos que pretendem enfrentá-las com a consciência do lugar que ocupam na luta de classes e nas disputas ideológicas entre projetos sociais e profissionais que se apresentam sob a forma de tensões e conflitos.

Penso que, ao trazer uma discussão fundamentada e crítica, mas ao mesmo tempo propositiva sobre a questão do sigilo, de suas determinações e seus desdobramentos, este livro contribui para a compreensão dos limites, mas também das possibilidades de enfrentamento das adversidades cotidianas vividas profissionalmente.

A leitura deste livro instiga a reflexões que ultrapassam a questão do sigilo. Me fez pensar que — do conjunto dos valores do Código de Ética —, o sigilo não é o único valor desafiado pela atual conjuntura. Não seria o momento de elegermos a democracia como tema emergente?

Lucia Barroco[1]

---

1. Assistente social, Professora de Ética e Serviço Social, Coordenadora do Núcleo de Estudos e Pesquisas em Ética e Direitos Humanos (NEPEDH) na PG em Serviço Social da PUC/SP. Autora de *Ética e Serviço Social: fundamentos ontológicos*. 8. ed., 5. reimpr. São Paulo: Cortez, 2017; *Ética: fundamentos sócio-históricos*. 3. ed., 6. reimpr. São Paulo: Cortez, 2018; *Código de Ética comentado dos/as assistentes sociais* (com Terra, Sylvia H.). 1. ed., 10. reimpr. São Paulo: Cortez, 2017.

APRESENTAÇÃO

> *A desvalorização do mundo humano aumenta em proporção direta com a valorização do mundo das coisas.*
>
> Karl Marx

A discussão da ética profissional do/a assistente social e dos direitos humanos com centralidade no sigilo é relativamente recente no Serviço Social. Tal ênfase justifica-se, especialmente neste momento da profissão, pelo alargamento da complexidade da realidade em que está envolvido o trabalho profissional, em função da regressão de direitos e do aprofundamento do conservadorismo, resultantes da crise estrutural cíclica do capitalismo e das suas reverberações na conjuntura, o que tem acarretado a agudização da limitação da realização dos direitos humanos e a ampliação dos dilemas ético-políticos no exercício da profissão, os mais variados.

A complexidade da realidade em que o Serviço Social é enredado sempre foi uma das marcas a compor a história da profissão e tem se acentuado diante de novas exigências, como expressão, de forma mais marcante, das reconfigurações na sociedade e na profissão, o que tem gerado o aumento das precarizações político-econômicas (sobretudo no período pós-golpe de 2016) de várias ordens, com rebatimentos imediatos no mundo do trabalho e no fazer profissional do/a assistente social.

A proposta do presente estudo é abordar o sigilo profissional, compreendo-o como parte constituinte da ética profissional e dos direitos humanos, com enfoque em algumas direções. No capítulo inicial, na dimensão normativo-disciplinadora: a previsão nas legislações gerais; como está previsto em determinadas profissões; as normatizações no Serviço Social: abordando o tratamento nos Códigos de Ética anteriores e, com mais detalhes, as informações do atual Código, além das normativas internas do Serviço Social.

No segundo capítulo, serão apresentadas situações que, em decorrência dos retrocessos atuais, afetam a realidade em geral e se expressam nas relações de trabalho, atingindo os profissionais no cotidiano profissional. Será dado enfoque às demandas que se vinculam às prerrogativas dos profissionais e aos direitos dos usuários, resultando em situações desafiadoras à preservação do sigilo, como condições inadequadas de trabalho, a relação autonomia e qualificação/competência profissional, interferências e determinações institucionais e provenientes de instituições externas, entre outros dados relevantes ligados ao tema, com indicação de saídas possíveis.

No terceiro capítulo, serão expostas situações concretas relacionadas ao sigilo, vivenciadas por algumas profissionais (que foram entrevistadas para o estudo), com o intuito de observarmos que a realidade exige reflexão no empenho de ações na direção crítica, o que aqui significa a defesa dos direitos dos usuários e, por suposto, dos direitos humanos.

O afunilamento do conteúdo com a exposição de experiências críticas vividas, refletidas e, por vezes, repensadas, cimentadas com os fundamentos teóricos do processo de formação/trabalho profissional, é tributado à nossa crença de que "é caminhando que se faz o caminho" (música "Enquanto houver sol", letra de Sérgio Britto, cantada pela banda Titãs).

A análise da conduta das profissionais entrevistadas, na direção da realização dos direitos humanos, nas condições possibilitadas (e conquistadas) em cada contexto, parte do pressuposto da concepção de direitos humanos que suplanta o restrito entendimento, como é mais comum a sua apreensão, às questões do Sistema de Justiça, ou seja, direitos humanos não são só a defesa de pessoas encarceradas e contra a tortura e situações congêneres.

Nossa perspectiva de direitos humanos abarca, para além do formalismo das garantias liberais constitucionais, o acesso universal às políticas sociais, à imensa gama de possibilidades de manifestação cultural, à educação presencial e gratuita, à promoção de políticas de combate a todas as condutas opressivas: raça, identidade de gênero, etnia, orientação sexual etc., políticas de drogas, de respeito à autonomia das mulheres em relação ao próprio corpo; direitos que devem ser efetivados com qualidade e sob o princípio da laicidade.

Reivindicamos a substância dos direitos humanos no arco do mais básico dos direitos, a alimentação sustentável, o direito a disponibilizarmos do tempo livre como nos aprouver, como nos inspira o ilustre teórico e crítico literário Antonio Candido (2006):

> Acho que uma das coisas mais sinistras da história da civilização ocidental é o famoso dito atribuído a Benjamim Franklin, "tempo é dinheiro". Isso é uma monstruosidade. Tempo não é dinheiro. Tempo é o tecido da nossa vida, é esse minuto que está passando. Daqui a 10 minutos eu estou mais velho, daqui a 20 minutos eu estou mais próximo da morte. Portanto, eu tenho direito a esse tempo. Esse tempo pertence a meus afetos. É para amar a mulher que escolhi, para ser amado por ela. Para conviver com meus amigos, para ler Machado de Assis. Isso é o tempo. E justamente a luta pela instrução do trabalhador é a luta pela conquista do tempo como universo de realização própria. A luta pela justiça social começa por uma reivindicação do tempo: "Eu quero aproveitar o meu tempo de forma que eu me humanize". As bibliotecas, os livros, são uma grande necessidade de nossa vida humanizada[1].

---

1. Texto "Antonio Candido inaugura biblioteca do MST e fala da força da instrução", *In* Blog Os Víveres: http://osviveres.blogspot.com/2006/?m=0. Acesso em: 20 ago. 2018.

O tempo, hoje, é o mais disputado dos bens, por isso consiste em um dos direitos mais preciosos da classe trabalhadora, que se vê obrigada a vendê-lo cada vez mais intensamente, para garantir a sobrevivência.

No percurso de desvelamento das situações vivenciadas pelas profissionais entrevistadas, destacamos as alternativas apontadas aos dilemas éticos. O "chão de fábrica" em que estão inseridas também envolve, mesmo se tratando de pessoas com perfis mais críticos, realidades com dificuldades de várias naturezas, como condições inadequadas de trabalho, ingerência de gestores e chefias na condução das ações, conflitos entre técnicos, hierarquização de saberes, ocasionando inúmeros desafios.

O cenário regressivo que temos vivenciado apresenta desdobramentos no cotidiano da classe trabalhadora. Sejam sujeitos portadores de uma postura individualizada ou com engajamento político, a angustiante conjuntura de contrarreformas nos direitos sociais e trabalhistas atinge a todos. O que diferirá são os posicionamentos e os enfrentamentos políticos que cada um, com as estratégias adotadas a cada contexto, empreenderá — "cada um", tratando-se de atores críticos, presume-se a construção de ações com acento predominantemente nas articulações coletivas.

Daí que as respostas obtidas, em geral, como pudemos aferir da fala dos sujeitos entrevistados, marcadas pelo envolvimento com a defesa dos direitos dos usuários, tende a conferir resultados positivos, se não em todas as situações, ao menos como acúmulo crítico de leitura da realidade e das possibilidades de superação de práticas coercitivas.

O caminho percorrido na nossa trajetória intelectual, em relação à ética profissional, envolve uma pesquisa sobre as denúncias das condutas éticas de assistentes sociais recebidas no Conselho Regional de Serviço Social de São Paulo (Cress-SP)[2]. A sua relevância consistiu,

---

2. Dissertação de mestrado (mimeo): *A atuação do Conselho Regional de Serviço Social de São Paulo em relação às denúncias éticas*: 1993 a 2000 (PUC/SP, 2004).

entre outros, em historicizar os instrumentos normativos da categoria e exemplificar condutas incoerentes com o projeto ético-político (na linha dos "exemplos a não serem seguidos"), o que nos impeliu, agora, à direção inversa: expor experiências com a pretensão de que possam ser associadas, por estudantes e pela categoria, como uma das possibilidades de referenciamento do trabalho profissional na reflexão de situações que suscitem questões desafiadoras.

Compreendemos que é fundamental, da mesma forma como há uma gama de estudos apontando lacunas no trabalho profissional, buscarmos o adensamento de materiais que abordem práticas exitosas no campo crítico e, sobretudo, ao acessar tais conteúdos, encontremos proximidade com nossas experiências e dilemas e possamos considerar as perspectivas de atuação destacadas, em alguma medida, como indicativo de saídas possíveis na consolidação das diretrizes do Código de Ética.

Esse foi o caminho traçado, com o ensejo de fornecer algum suporte à aspereza das experiências do cotidiano profissional, que se traduz em avanços, mas também em lacunas e conflitos, associando nossas contribuições à ética e aos direitos humanos, na particularidade do sigilo profissional, tendo como base os seus desafios técnico-políticos na atualidade.

Com isso, pelo nosso ponto de partida, a ética e o sigilo profissional são vinculados ao mote da defesa da classe trabalhadora, o que remete também, ao mesmo tempo, à defesa da realização dos direitos humanos numa perspectiva crítica, mediada por ações que tenham como horizonte a construção de uma nova ordem societária, sem discriminação e opressões de qualquer natureza; essencialmente, sem divisão de classes.

Maquiavel sentenciou que "respeito é mais valioso que o pão". Já Marx, referência teórica do projeto de ruptura com o conservadorismo na profissão, conclamou que "o trabalhador tem mais necessidade de respeito que de pão", o que é representado pela dimensão ético-política da vida em sociedade.

Nesse diapasão, reafirmamos nossa posição com as palavras de Bertolt Brecht, que poeticamente denunciou a exploração de classe:

Há muitas maneiras de matar;
Podem enfiar-lhe uma faca na barriga
Tirar-lhe o pão
Não tratar de uma doença
Enfiá-lo numa casa insalubre
Empurrá-lo ao suicídio
Torturá-lo até à morte pelo trabalho
Levá-lo à guerra etc.,
Só algumas destas coisas são proibidas no nosso país.

INTRODUÇÃO

> *A gente vai contra a corrente*
> *Até não poder resistir*
> *Na volta do barco é que sente*
> *O quanto deixou de cumprir*
>
> Chico Buarque

Abordar o sigilo e os direitos humanos no Serviço Social enseja, antes de tudo, falar da ética e do projeto profissional a que tal dimensão da profissão se vincula, assim como, de forma articulada, se encontram as outras principais dimensões da profissão, a teórico-metodológica e a técnico-operativa.

Situamos, à partida, que a concepção teórica que nos referenciamos é fundamentada na ontologia do ser social, orientada pela tradição teórico-crítica de Marx, que tem na concretude da realidade, possibilitada essencialmente pelo trabalho, o desenvolvimento das demais capacidades humanas.

Com a compreensão que o salto ontológico propiciado pelo trabalho determinou o desenvolvimento das demais esferas que compõem a totalidade da vida social, ao ser possível identificar como as sociedades estruturalmente se organizam em torno dessa categoria, têm-se o desvelamento do seu modo de produção e como as relações econômico-sociais são estabelecidas.

Um sistema econômico centrado na propriedade privada dos meios de produção determina, fundamentalmente, toda uma cadeia de valores calcada num modo de vida que traz introjetada a marca do elitismo, do patriarcado e do racismo, com desdobramentos na cultura, eivada pelo machismo, homofobia e preconceitos, de toda ordem, portadora de atitudes discriminatórias dirigidas a comportamentos que tal *ethos* concebe como destoantes de condutas padronizadas, estabelecidas pela sociedade do consumo.

A ética está diretamente vinculada a esse universo, num emaranhado de padronizações morais. É uma das mediações mais privilegiadas da vida social, exclusiva do ser social. E é muito mais ampla, conforme o entendimento de Barroco (2001, p. 19), do que comumente é entendida, por muitos teóricos, ao restringir a sua concepção à ciência da moral.

> [...] a ética é definida como uma capacidade humana posta pela atividade vital do ser social; a capacidade de agir conscientemente com base em escolhas de valor, projetar finalidades de valor e objetivá-las concretamente na vida social, isto é, ser livre.

A ética, em tal compreensão, desdobra-se para além da teorização sobre as condutas morais socialmente construídas, ou seja, os padrões morais "ditados" pela comunidade e demais esferas e internalizados pelo comportamento dos indivíduos na sua relação em sociedade. É composta da referida dimensão filosófica e da concretude da realidade, pois "é também a expressão da capacidade humana de sermos livres, o que nos possibilita construir projetos de vida de acordo com valores, escolhidos conscientemente, dentre alternativas concretas" (Fernandes, 2004, p. 54).

Mediante a projeção do resultado das ações (teleologia), dada pelas escolhas conscientes, portanto críticas e autônomas, temos o agir ético. Como o valor da liberdade é central na ética e é a possibilidade de acessarmos coletivamente a riqueza material e culturalmente produzida pela humanidade (desenvolvimento das capacidades universais, constituindo-nos em *ser* humano-genérico), dentre alternativas realmente disponibilizadas, numa sociedade de divisão de classes que, por essência, é pautada pela desigualdade, não é possível atingir na integralidade a sua realização, mesmo que um coletivo de indivíduos acesse conquistas materiais e imateriais.

A potencialidade da liberdade é coletiva, considerando que não somos seres que se constroem e vivem apartados — mesmo na hipótese de isolamento, dependemos de criações socialmente produzidas; a não ser em raríssimas situações, como a de ermitões, isolados do contato coletivo, e ainda assim a maioria teve uma história em sociedade.

Essa ideia nos remete à cena final do belíssimo filme *Na natureza selvagem*, de Sean Penn (2007), baseado na história real de um jovem questionador que buscou a liberdade na fuga das relações familiares/ do seu passado, desprendendo-se dos bens materiais e, ao final da sua longa jornada de aventuras, culminando num profundo isolamento na natureza recôndita do Alasca, concluiu que "a felicidade só é real quando é compartilhada".

Partindo dessa concepção de liberdade, alicerçada na materialidade da vida social e, imprescindivelmente, vinculada aos pressupostos dos valores da democracia e da justiça social, fica explicitado que a estrutura que emerge da ordem do capital coloca-se como seu limite concreto, inviabilizando a conciliação de valores realmente emancipatórios na sua plenitude.

Como incremento à condição da estrutura própria da ordem do capital, que, *per si*, é um entrave determinante à realização da liberdade, temos vivido sob a égide de uma crise estrutural do capitalismo ou, como também pode ser entendido, um rearranjo cíclico implícito a esse sistema de produção, o que por consequência alargou as fissuras socioeconômicas estruturais e conjunturais.

A crise sistêmica econômico-financeira mundial de 2008 atingiu o Brasil com mais virulência na atual década, desenhando uma forte guinada na negação de direitos, visando à recomposição das taxas de lucro nos níveis exorbitantes anteriormente praticados pelas grandes corporações industriais e financeiras, impelindo a formatação de configurações que, no atual momento, se somam para obstaculizar ainda mais as possibilidades de concretização das exigências mais básicas à realização de valores progressistas.

Seria impensável para muitos teóricos críticos, até há pouco tempo, acreditar que sucumbiríamos a um Golpe em plena vigência do século XXI. Apostávamos que as garantias da democracia formal estavam asseguradas, pela inscrição do Estado Democrático de Direito na constituinte de 1988, uma conquista fundamental pós-período ditatorial.

A articulação judiciária-midiática-empresarial-parlamentar[1] que cultivou o caldo cultural reacionário e possibilitou emergir as condições que propiciaram o Golpe de 2016[2], em continuidade às grandes mobilizações de 2013 (originalmente críticas e sequestrada sua essência pelo poderio econômico e pelos meios de comunicação), teve como motivação, por parte da elite, o esgotamento da concertação de classe construída nos governos democrático-populares do Partido dos Trabalhadores (PT).

A categoria da contradição não deve ser ofuscada quando da análise da tão citada conciliação de classe, de fato manifestada na composição partidária, na condução programática dos governos anteriores e, na sua concretude, atendendo a interesses dos capitais industrial, agrário e financeiro.

Muito particular da graduação da coloração ideológica, como aconteceu na formatação dos governos do PT, a conciliação de classes, pelo seu próprio significado, implica a conformação de interesses das duas pontas, com o pêndulo da balança pendendo para o lado que obtiver mais forças no tensionamento das pautas de interesse

---

1. A obra *Enciclopédia do Golpe*, volumes I e II, abarca dezenas de verbetes de intelectuais, artistas e especialistas e trata, respectivamente, da análise do papel dos atores do Golpe e a atuação da mídia na desestabilização da ordem democrática que o fez eclodir.

2. A justificativa jurídica das pedaladas fiscais não se sustentou legalmente, segundo fundamentadas análises, ao restar comprovado que tal ato se deu em período posterior ao decreto que autorizou esse procedimento — e mesmo se tivesse concretizado, já seria de um rigor desproporcional para a cassação de um mandato presidencial, considerando que inúmeros governantes recorrentemente lançam mão de tal recurso sem que tenham tido o mesmo destino, a exemplo do governador do estado de São Paulo, Geraldo Alckmin, em vários de seus mandatos.

e a depender das circunstâncias que regem os cenários nacional e internacional de cada momento.

Por princípio, fazemos a crítica da conciliação de classes, em prol de um projeto de sociedade que prime pelos direitos da classe trabalhadora. Mas sabemos que qualquer governo, de conotação ideológica que seja, ao manter o pilar das relações de classe pela propriedade privada, está conciliando os interesses. O que altera é o empenho em implementar projetos de alargamento da cidadania e a dimensão do apoio: popular, da intelectualidade, das artes e de movimentos sociais, de modo a se desvencilhar da captura ideológica pelo mercado.

A correlação de forças, inerente a uma sociedade de classes, força motriz da questão social, é uma constância para os trabalhadores. Se a contradição é a pedra angular de governos democrático-populares, expressa-se com a mesma intensidade na efetivação das políticas sociais e nos direitos trabalhistas, num movimento de avanços e retrocessos que os engendram.

O Serviço Social não passa incólume a tal processo. Eis que, somos sabedores, atende contraditoriamente a interesses do capital e do trabalho, fazendo a mediação das demandas de ambas as dimensões. A diferença está em como seus atores se postam na disputa pelos espaços, pelas pautas e mentes dos seus pares e da população. Esperava-se muito mais dos governos populares, os quais poderiam ter avançado além do realizado. É inegável que, comparativamente ao que estava posto, presenciamos avanços importantes, cujos curso e resultado merecem uma crítica consistente no sentido de apontar suas lacunas e como podem ser preenchidas na continuidade das disputas programáticas, pelo já iniciado (obviamente com as revisões necessárias).

Quando a corda começou a romper, na disputa pela direção do ideário de nação, a estratégia empenhada pela direita consistiu na unificação do discurso contra a corrupção na política, estratagema tão comum em momentos de acentuação do reacionarismo, como se tal prática tivesse emergido na recente história do país e fosse criação de um só partido, na sua integralidade, desconsiderando, sobretudo, que manobras escusas do empresariado, o principal agente corrupto e corruptor do país, são práticas que integram os negócios desse meio.

O escamoteamento do combate à corrupção visou dissimular o real propósito que amparou as festivas mobilizações de cidadãos de camisa canarinho, a aniquilação das conquistas do campo democrático, emergindo de um *ethos* arraigado na nossa herança cultural escravagista: o ódio de classe, a apartação dos pobres do centro do poder e tudo o que isso representa de anacrônico em termos civilizatórios (Souza, 2017).

A tímida mobilidade social, resultado de políticas sociais (mesmo com suas contradições, eis que em grande parte insuficientes, superficiais, focalizadas e monetarizadas) e de popularização dos créditos bancário e imobiliário implementadas nos governos anteriores, reacendeu um fortíssimo rancor quando a aristocracia e a classe média passaram a se deparar com a ampliação da visibilidade dos pobres nas cenas cultural, política e educacional e o que isso carrega de significados para a cultura com ranço aristocrático.

Tem-se empenhado um lancinante desprezo aos movimentos sociais, partidos políticos de esquerda, sindicatos, intelectuais críticos, artistas e profissionais progressistas, mediante campanhas difamatórias dos valores da democracia, da diversidade de comportamentos e de orientação sexual, da pluralidade de pensamento, do conhecimento, da defesa das prerrogativas civis previstas na constituição, como temos visto em julgamentos judiciais sobre a constitucionalidade da presunção de inocência, a condução coercitiva etc.

Esse momento da clivagem da elite econômica, que não mais se contentou em manter suas taxas de lucro nos patamares praticados, depositou no banalizado "custo Brasil" (centrado no chamado "custo" da mão de obra e dos impostos) a quebra dos princípios democráticos, exigência para avalizar a "conciliação de classe" em condições mínimas. A moeda de troca objetivando o rebaixamento dos direitos trabalhistas e das políticas sociais resultou na deposição de um governo que, com todas as críticas necessárias "à esquerda" (no sentido de defender que poderiam ter se consolidado políticas de fundo de desconcentração de renda, de democratização dos meios de comunicação, reformas política e tributária e implementação de mecanismos de controle do Judiciário), apresentava um viés que dava abertura para um campo de disputa ideológica em relevantes aspectos, como políticas voltadas aos direitos humanos, políticas sociais, infligindo, no seu lugar, um governo sem nenhum compromisso com os direitos da população[3].

Segundo Demier[4] (2018), como a gestão do PT já não podia mais aplicar as medidas que a elite reivindicava, dado o nível de extorsão de direitos que passou a exigir, seus representantes articularam para impor um governo mediante intensos ataques à classe trabalhadora. Analisa que, antes do Golpe, diferentemente de outros golpes, não houve uma guinada à esquerda na condução do governo que, ao mesmo tempo, não mais dispunha de amplo apoio popular, especialmente advindo das novas frações da população que, de alguma forma, ascendeu na cena político-cultural com outras características: pobre, negra, periférica.

A estratégia da direita foi instrumentalizar a justiça por meio da Operação Lava Jato (ou o "partido da justiça"), sustentada por mecanismos do Sistema de Justiça e dos interesses dos oligopólios norte-americanos[5], com ações de impacto amplamente televisionadas, desfechando severos ataques à soberania nacional, o que resultou no desmantelamento de grandes empresas e do parque industrial petrolífero[6], na velha política imperialista de subjugar a América Latina como quintal dos Estados Unidos.

---

3. Governo que conta com a maior taxa de reprovação da história do país. Segundo pesquisas do final do primeiro semestre de 2018, apenas 6% da população aprovava a gestão Temer — com menor reprovação, Collor e Dilma foram derrubados —, no que, somado a diversas denúncias de corrupção, fica exponenciado que se mantém no poder, sangrando em praça pública, pela sua utilidade ao grande capital.

4. Demier, na sua exposição na abertura do 11º Seminário Anual de Serviço Social da Cortez Editora, em maio de 2018, na Conferência "Estado, questão social e a classe trabalhadora: lutas sociais e a renovação do Serviço Social frente a barbárie capitalista".

5. O jornalista Luis Nassif acompanhou incansavelmente esse momento singular da nossa história, divulgando análises diárias recheadas de dados nos seus veículos de comunicação, como o blog GGN, nas quais desnudou a conspiração americana na ambientação do Golpe de 2016, por interesses econômicos.

6. Na greve dos caminhoneiros, em maio de 2018 (parte do movimento foi um locaute dos empresários), a política adotada pós-Golpe aos derivados do petróleo foi amplamente questionada e a população, incluindo a classe média, após sentir cortar na própria carne com os constantes aumentos na tarifação dos combustíveis, e a classe baixa, com a explosão do

O empenho em recolonizar o Brasil se fortaleceu ainda mais quando o país se colocou como um ator respeitável na diplomacia do cenário internacional, firmando posições progressistas e em importante articulação no Mercosul (bloco de integração econômica de determinados países da América Latina, chamado Mercado Comum do Sul) e com os BRICS (articulação política e de cooperação econômica entre Brasil, Rússia, Índia, China e África do Sul).

Restou comprovada a politização na condução de procedimentos judiciais, por meio da seletividade na punição a figuras públicas com vinculação à esquerda, numa sanha persecutória inédita na recente história do país. Pessoas minimamente cientes da noção de justiça acompanharam estarrecidas decisões judiciais prolatadas em tempo recorde, sem embasamento em provas, o que tem sido objeto de vasto estudo dentro e fora do país[7]. Seletividade criminal, cabe dizer, que sempre existiu. Nas favelas nunca se pôde afirmar que há respeito às garantias do dito Estado Democrático de Direito.

Consumado o grande Golpe, a bancada capitaneada em especial pelo bloco BBBB (bala, boi, bíblia e banco) não encontrou grandes dificuldades em avançar contra direitos trabalhistas, com a aprovação sumária da (contra) reforma trabalhista e da lei da terceirização, com um saldo de retrocessos imensuráveis para a classe trabalhadora, acrescido da acentuação do desemprego e com a (contra) reforma da previdenciária no seu horizonte.

A sanha do desmonte de direitos tem se mostrado insaciável. O montante de cortes no Sistema Único de Assistência Social (Suas)

---

preço do gás de cozinha, passaram a ficar receptíveis às informações sobre o entreguismo da Petrobras. A principal "saída" para a greve foi a desoneração do óleo diesel com a transferência de recursos de programas da saúde e da educação. A paralisação dos petroleiros, na sequência, organizada sob a bandeira da mudança da política de preços da Petrobras e a saída do seu presidente, escancarou criticamente os fundamentos da crise dos combustíveis.

7. Dentre as inúmeras produções, destaca-se "Comentários a uma sentença anunciada — O Processo Lula", Práxis, 2018, que reúne artigos de renomados 133 juristas analisando a sentença do juiz de primeira instância Sergio Moro (integrante da Operação Lava-Jato, com tramitação na 13ª Vara Federal de Curitiba), resultando na condenação do ex-presidente Luiz Inácio Lula da Silva no caso que ficou conhecido como o "tríplex do Guarujá".

é da ordem de até 98% em alguns programas; constantes ataques ao Sistema Único de Saúde (SUS), objetivando a sua privatização; a aprovação da PEC do Teto, a PEC da Morte (proposta de Emenda Constitucional n. 241, que se tornou n. 55, congelando por vinte anos os investimentos públicos; o que recairá nas políticas sociais, as quais o governo chama de gastos públicos); e a imensa redução de investimentos na educação e em ciência e tecnologia dá a dimensão voraz dos desdobramentos do Golpe; pior que os golpes impingidos anteriormente, no aspecto econômico, pela característica atual do desmonte do país.

Enquanto a flexibilização de direitos sociais tem sido a palavra de ordem do bloco hegemônico na condução da política nacional, confirma-se a manutenção de privilégios da casta do setor público, protagonizados pelos altos cargos do Sistema de Justiça e pelo executivo/legislativo; o salto dos lucros já exorbitantes do setor financeiro; benesses empenhadas ao setor industrial (políticas de desoneração fiscal); evasão fiscal; perdão de dívidas bilionárias dos bancos e do agronegócio (que investe em monoculturas predatórias e se beneficia com as mudanças regressivas nas normas do uso de agrotóxicos); o aumento da corrupção de grande porte.

Esse momento, de uma densidade irracional impensável para as gerações que não viveram a ditadura, apresenta refrações na questão social que se expressam nos cenários de inserção profissional, acentuando-se com a assunção de grande número de governos municipais, nas eleições de 2016, por partidos de direita, ocasionando drástica redução de investimentos em políticas sociais, o que tem resvalado de modo perverso na subjetividade dos sujeitos que compõem esses espaços.

Traçado tal panorama, como desdobramento da conceituação da ética na vida social e das exigências valorativas inerentes, com centralidade na liberdade, situamos os seus limites na realidade atual, impondo à liberdade um cerceamento objetivo, somando-se aos empecilhos criados pela conjuntura às necessidades não passíveis de serem atendidas num modelo de intensa concentração de renda. Mészáros (2004, p. 233) nos lembra que:

É claro que as ideologias dominantes da ordem social estabelecida desfrutam de uma importante *posição privilegiada* em relação a todas as variedades de "contraconsciência". Assumindo uma atitude positiva para com as relações de produção dominantes, assim como para com os mecanismos autorreprodutivos fundamentais da sociedade, podem contar, em suas confrontações ideológicas, com o apoio das principais instituições econômicas, culturais e políticas do sistema todo.

Nenhum limite pode ser tomado como intransponível. Os pessimismos e irracionalismos (obviamente não é o caso desse imenso intelectual marxista), saídas fáceis e cômodas adotadas por parte da intelectualidade e formadores de opinião (além da grande massa que se coloca na condição de opinadores/desinformadores de ideias genéricas e preconceituosas), não se coadunam com a perspectiva crítica que a profissão adotou na sua teorização hegemônica, que concebe a história em permanente construção, pelas mãos dos sujeitos que nela se inscrevem ativamente e têm o potencial de forjar a sua revisão, a partir da coesão e adensamento de forças.

Nessa costura de conceituações e exposição de motivos que demonstram a impossibilidade concreta da realização da liberdade no modelo de sociedade vigente, não poderíamos deixar de abordar a ética profissional, por constituir-se no nosso chão de interesse na análise em abordagem.

A moral profissional é uma das dimensões da ética social, presente na vida em geral, de acordo com os valores que representam o ideário de determinados grupos. Não há como apartar a sua vinculação dos valores que se defende e se realiza na profissão da concepção de sociedade; de como se compreende a relação dos homens e os seus parâmetros de justiça social.

Os preceitos contidos no Código de Ética não dão a completa proporção da ética profissional, como muitos assim restringem a sua compreensão. O conteúdo de tal regramento abarca apenas uma parte constitutiva da ética profissional, da maior relevância, eis que se constitui no adensamento do cabedal ético-político, construído pela profissão, em dado momento histórico. O *ethos* profissional é conformado, articuladamente, segundo Barroco (2001), por três dimensões: teórico-filosófica, moral prática e normativa.

A dimensão teórico-filosófica comporta as etapas do processo de socialização: as condições objetivas em que estamos inseridos e os valores que definem nosso lugar na sociedade. *Ethos* que pode se aprofundar ou desmistificar, a depender do curso a que o processo de formação corresponder, assim como a trajetória sociedade-profissão pós-formação adensar, com possibilidade de acesso/ampliação do acúmulo teórico-filosófico crítico (como também o seu inverso), em conformidade com o compromisso de capacitação continuada, a inserção nas demandas ético-políticas da categoria e da sociedade, o que dará a medida da concretude da adesão aos projetos de sociedade e, por consonância, de profissão.

A moral prática diz respeito às ações concretas, ou melhor, ao resultado das incidências miúdas ou mais amplas que estamos implicados — dimensão em que a ação se sobrepõe ao que defendemos teoricamente como o ideal de uma profissão. O que determina a base do *ethos* profissional é a concretude; a decorrência, especialmente na vida dos usuários, das ações vinculadas a um dado projeto de profissão a que se tenha aderido e objetivado.

A dimensão normativa, por fim, adensa o *ethos* profissioal e trata, como o título já nomeia, do cabedal jurídico-normativo e ético-disciplinar que formata e estabelece parâmetros morais ao exercício da profissão — tal dimensão é explicitada, em especial, no conteúdo do Código de Ética, complementado por normativas internas e de âmbito geral que referenciam a profissão. Enquanto articulação da concepção da ética e da ética profissional aos direitos humanos, compreendemos que todo o percurso do presente estudo contempla tal assertiva, de forma explicitada ou subjacente.

Quando tratamos da valoração dos direitos humanos, observamos que não é incomum o entendimento que encerra a sua completude nos conteúdos das Declarações de Direitos Humanos. Temos a compreensão da importância de tais documentos como referências à abordagem de direitos, eis que como marco histórico foram fundamentais para determinar necessárias conquistas em inúmeras partes do mundo. Atingimos um longo histórico de formalização de direitos. A Declaração Universal dos Direitos Humanos de 1948 (proclamada pela Assembleia da Organização das Nações Unidas [ONU], após a Segunda Guerra Mundial), como documento com mais coesão mundial, foi precedida de vários marcos localizados, influenciados pelas ideias iluministas.

Tivemos a Declaração de Direitos da Inglaterra, de 1689 (definindo os direitos e a liberdade dos súditos, a organização do parlamento, as regras de sucessão e os limites do poder dos monarcas); a Declaração dos Direitos do Homem e do Cidadão, de 1789, da França (elaborada durante a Revolução Francesa, que depôs o poder absolutista da monarquia, suprimiu os direitos feudais e estendeu o poder formal "ao povo"); a Carta de Direitos, de 1791, dos Estados Unidos (com a instituição das dez primeiras emendas da Constituição, fundando os direitos dos cidadãos e impondo limitações ao poder federal do país); a Constituição Mexicana de 1917 (inaugurando o direito ao trabalho); a Declaração dos Direitos dos Povos Explorados e Oprimidos da Rússia, de 1918 (no início da Revolução Russa, de 1917, que depôs a autocracia monárquica e levou os trabalhadores ao poder).

Remonta um longo processo de classificação das etapas de conquistas dos direitos humanos, evoluindo das dimensões iniciais dos direitos civis e políticos (direito de ir e vir, à liberdade de expressão, à privacidade, à propriedade, à igualdade, ao processo legal, ao voto, à manifestação e organização política etc., definidos na Declaração Universal dos Direitos Humanos de 1948, conhecidos como a primeira geração dos direitos humanos), para os direitos econômicos, sociais e culturais (direito ao trabalho, à saúde, à educação, à cultura etc., adotados pela Assembleia da ONU em 1966, por meio do Pacto Internacional sobre os Direitos Econômicos, Sociais e Culturais, com ratificação pelo Brasil somente em 1992), agregando-se os direitos de solidariedade (direito à paz, à preservação do meio ambiente, à proteção de identidades e patrimônio culturais, à comunicação etc., não existindo um pacto que os firme mundialmente).

Há uma doutrina jurídica que defende a quarta dimensão dos direitos humanos (direito à participação democrática, à democracia direta, à informação, ao pluralismo), a quinta dimensão (direito à paz em toda a humanidade) e a sexta dimensão (bioética, água potável); entendimento não pacificado pelas linhas que afirmam que estão compreendidos nas três primeiras gerações os demais desdobramentos de direitos. Há coesão na caracterização de direitos humanos como universais, invioláveis, inalienáveis, indivisíveis e interdependentes.

O inegável reconhecimento de tais documentos não impede de demarcá-los como insuficientes na interpretação e defesa das necessidades humanas concretas, na sua totalidade, que, de fato, proporcionem uma condição de vida emancipada. O alcance posto pelo *ethos* liberal-burguês, ao fundamentar a concepção de tais cartas, dá a medida do limite como garantidoras de acesso a direitos e valores humano-genéricos, por compreendê-los a partir de uma perspectiva abstrata, idealista, como se houvesse uma natureza humana dada, e não uma construção sócio-histórica.

Tal pressuposto jusnaturalista funda a concepção de direito (e de direitos/direitos humanos), travestindo o Estado como ente neutro, cabendo responder às necessidades humanas, não considerando a existência concreta das contradições das relações sociais carregadas de determinações, em que o aparato estatal é legitimado mais para assegurar o cumprimento dos deveres da população despossuída; eis que um dos deveres essenciais consiste em não "incomodar" o direito ao patrimônio privado, mesmo que isso custe todos os direitos da classe trabalhadora.

A nossa Constituição Federal, em vigor desde 1988, consagrou direitos inovadores numa guinada ideológica histórica. Deu ênfase a garantias nos direitos da primeira geração (os direitos civis, a exemplo da privacidade, nosso foco de estudo, o direito de ir e vir etc.), nas políticas sociais (a proposta de universalidade do acesso à saúde é uma referência para muitos países), cujas nuances embasam, por exemplo, políticas de ações afirmativas; o Estado Democrático de Direito: previsão de eleições, de organização política etc.

Segundo reza o artigo 1º da Constituição, o conteúdo de tal carta é fundamentado nos valores da soberania, cidadania, "dignidade da pessoa humana", valores sociais do trabalho e da livre iniciativa e pluralismo político. O artigo 3º informa os objetivos fundamentais que devem formatar a ideia de nação, quais sejam: construir uma sociedade livre, justa e solidária; garantir o desenvolvimento nacional; erradicar a pobreza e a marginalização e reduzir as desigualdades sociais e regionais; promover o bem de todos, sem preconceitos de origem, raça, sexo, cor, idade e quaisquer outras formas de discriminação.

Em seu artigo 5º, a Carta Magna positiva que "todos são iguais perante a lei, sem distinção de qualquer natureza, garantindo-se aos brasileiros e aos estrangeiros residentes no País a inviolabilidade do direito à vida, à liberdade, à igualdade, à segurança e à propriedade". Com previsão também no artigo 170, enquanto uma das conceituações da ordem econômica, a propriedade privada constitui-se em um dos princípios fundamentais da Constituição.

É agregada aos fundamentos da ordem econômica, no artigo 170, a função social da propriedade, cuja aplicação em situações concretas fica condicionada à interpretação de tal conceito jurídico formal. É inconteste o resultado de decisões, em quase a totalidade, visando à proteção da ordem vigente. Disse-nos o ilustre pensador marxista Florestan Fernandes, no final dos idos de 1980 (1989, p. 360), almejando o futuro da Constituição:

> A Constituição de 1988 vem à luz com data marcada para sofrer uma revisão global e contém mecanismos que remetem a revisões parciais seguidas e constantes. (...) ela veio para durar pouco e servir de elo ao aparecimento de uma constituição mais democrática, popular e radical.

Tal posição convergia com a aspiração do pensamento crítico da época, que depositava no movimento pelas "Diretas Já" o final do longo ciclo da ditadura, possibilitado pela revitalização da mobilização popular, via criação do "Novo Sindicalismo", o embrião de novos partidos políticos, movimentos sociais e de novos atores na cena política; organizações construídas pela base.

Contudo, os direitos fundamentais da Constituição nunca foram efetivamente implementados na sua concepção original, que o digam os moradores das regiões periféricas, da cidade e do campo, que não veem fazer valer os direitos proforma; não os enxergando na concretude da realidade em que vivem. Além de não ter sido concretizada, de fato, nos seus conteúdos mais progressistas, a Constituição ainda sofre com frequentes investidas, tornando o seu texto mais desfigurado a cada dia, em geral na via da regressão de direitos, vide as malfadadas contrarreformas em campanha (as PECs), o que nos remete a afirmar categoricamente que nenhuma letra da lei se sustenta sozinha.

Para manter de pé as propositoras dos princípios previstos constitucionalmente, é imprescindível a mobilização popular permanente para dar suporte e efetivá-los de fato, como afirmou Fernandes (1989, p. 360): "A Constituição é fabricada pelos seres humanos. Carrega as suas marcas, as suas debilidades, as suas grandezas", sentenciando ainda que (1989, p. 362):

> [...] os trabalhadores das cidades e da terra, os estratos mais castigados da pequena burguesia e das classes médias precisam mobilizar-se. Não para erigirem a Constituição em um falso escudo protetor. Mas para exigir que ela não constitua letra morta, primeiro, e para assinalar, em seguida, os rumos do seu aperfeiçoamento.

Seguindo a mesma lógica, a contraposição de Marx à concepção burguesa dos direitos humanos não se restringiu, segundo Trindade (2011, p. 297), a uma postura abstrato-estática. Marx desnudou o seu caráter de classe: "sua *redução* ao homem burguês, sua *adequação* à conservação dos interesses dessa nova classe dominante — portanto sua *insuficiência* e sua *impropriedade* para abrir passagem à emancipação humana integral e universal".

A luta pelo aprofundamento do acesso a conquistas civilizatórias não impede nem substitui a luta pela transformação radical das relações. Se assim fosse, estaríamos admitindo a possibilidade de moldar os direitos à ordem do capital, intentando apenas sua reforma. A luta pelo fim das classes comporta também a defesa do fim das opressões. Marx e Engels não negavam a luta pela ampliação dos direitos. Participaram como dirigentes da organização da campanha internacional pela regulamentação da jornada de trabalho, pela Associação Internacional dos Trabalhadores, a Primeira Internacional, e "nunca deixaram de valorizar os movimentos coletivos dos trabalhadores — isto é, a passagem da reivindicação individual para o combate de classe" (idem).

Um dos princípios fundamentais do Código de Ética do/a assistente social explicita a vinculação à "defesa intransigente dos direitos humanos e recusa do arbítrio e do autoritarismo", ao mesmo tempo que os demais princípios abarcam condições e valores essenciais à sua concretização.

Valendo-nos novamente do pensamento de Antonio Candido, por ser um exemplo de superação da perspectiva jurídico-liberal de compreensão dos direitos humanos, invocamos que "uma sociedade justa pressupõe o respeito dos direitos humanos", adensando um elemento singular que dá a amplitude da sua concepção de direitos e de mundo, ao proclamar a garantia do acesso à literatura para ser sorvida no tempo livre: "a fruição da arte e da literatura em todas as modalidades e em todos os níveis é um direito inalienável[8]".

Fizemos o preâmbulo sobre a conceituação da ética e da ética profissional, demarcando a concepção de liberdade e de direitos humanos como núcleos centrais da perspectiva de análise, de modo a fundamentar os conteúdos que articuladamente integram o presente estudo.

Na companhia da poesia de Chico Buarque: "A gente quer ter voz ativa, no nosso destino mandar, mas eis que chega a roda viva e carrega o destino pra lá...". Mas, qual o quê, não se pode esmorecer nem deixar de apostar nas mudanças e, no mesmo caminho dos passos do seu canto, conclamamos que "pela minha lei a gente era obrigado a ser feliz".

---

8. Extraído da "Ocupação Antonio Candido", no Instituto Itaú Cultural, São Paulo, junho de 2018.

CAPÍTULO I

Dimensão normativa do sigilo profissional

> *O tempo é a minha matéria,*
> *o tempo presente,*
> *os homens presentes*
> *A vida presente*
>
> Drummond

Ao tratar do sigilo no exercício profissional no Serviço Social, não poderíamos deixar de abordar, à partida, o cabedal normativo que sustenta as exigências de tal dimensão da ética, nas relações profissionais, especialmente com os usuários, considerando que a observância à dimensão jurídico-legal, baseada em pressupostos ético-filosóficos, constitui-se em uma das condições do trabalho profissional cotidianas dos seus agentes.

Compreendemos o sentido da existência das normativas não como uma "instituição" emanada à parte e que se encerra em si, ou seja, não a vemos como uma dimensão autônoma da vida cotidiana.

Tampouco como uma camisa de força, transmutada num imperativo que obstaculize a sua crítica e transformação, conforme novas exigências conjunturais e estruturais surjam e imponham a revisão ou a criação de novos comandos normativos.

Importa destacar o sentido histórico das normativas quando afirmamos que não são constructos autônomos descolados da realidade. Cada momento histórico carrega as exigências às mudanças nas relações em sociedade, espraiando-se à esfera jurídico-legal. A direção que as mudanças tomarão dependerá da força que os grupos políticos em disputa pelos rumos dos projetos de sociedade imprimirão e alcançarão.

Assim como as condutas morais são assimiladas em conformidade aos consensos socialmente construídos e internalizados, até inconscientemente, como se fossem de interesse geral, quando retratam um modo de vida para manter os privilégios de um determinado grupo, incutindo sua mentalidade por estratégias midiáticas, dogmas religiosos etc., o conjunto de normatizações, por pretender organizar um modo de vida: acesso a direitos ou cerceando e impondo limitações às condutas, especialmente no que toca à preservação dos bens da propriedade privada, também compõe a moral em sociedade.

O complexo normativo-legal da vida cotidiana e, especificamente, no presente estudo, relacionado à ética profissional, constitui-se numa das dimensões do *ethos* das profissões, em articulação à dimensão teórico-filosófica e moral-prática. Como suporte à ação política e profissional, o regramento normativo é valioso quando positiva elementos críticos. A necessidade da disputa de projetos é permanente para que a conquista, a manutenção e a efetivação de direitos ganhem concretude na vida das pessoas, em especial daquelas que dependem das políticas públicas para sobreviver.

As normas não ganham vida isoladamente, ainda mais quando dizem respeito a direitos dessa população, desprovida do poder de decisão na criação das leis e de acesso aos direitos básicos. Daí que o permanente engajamento "cívico" se torna uma exigência ético-política à categoria profissional.

1. Normativas gerais sobre o sigilo profissional

Iniciamos a abordagem dos conteúdos normativos de abrangência geral sobre o sigilo profissional pelo tratamento dado pela Constituição Federal e, na sequência, trataremos das principais legislações. Buscamos apresentar fundamentos normativos à ideia principal do presente capítulo, que reside na exposição de conteúdos regulamentadores sobre o sigilo no Serviço Social, demonstrando que o disciplinamento da profissão está calcado em bases legais gerais, comum às demais profissões, com a proposta de fazer a ligação com as análises que compõem o objeto central da obra.

A Constituição Federal em vigência, de 1988, positivou que:

> Art. 5º Todos são iguais perante a lei, sem distinção de qualquer natureza, garantindo-se aos brasileiros e aos estrangeiros residentes no País a inviolabilidade do direito à vida, à liberdade, à igualdade, à segurança e à propriedade, nos termos seguintes:
> X — são invioláveis a intimidade, a vida privada, a honra e a imagem das pessoas, assegurado o direito a indenização pelo dano material ou moral decorrente de sua violação.
> XIV — é assegurado a todos o acesso à informação e resguardado o sigilo da fonte, quando necessário ao exercício profissional.

É evidente a conotação liberal-burguesa presente na Constituição. Imprime um tratamento a todos os cidadãos como "iguais perante a lei", ou seja, não são todos portadores dos mesmos direitos, mas, sim, formalmente "iguais" perante os ditames das condutas e regras legalmente instituídas.

Dispensa garantias individuais, como a inviolabilidade da propriedade, o que dá a medida das demais condições impostas, ao configurar, em tal pressuposto, um sistema jurídico que sustenta uma sociedade de classes, ou seja, casando com o presente estudo: um sistema de produção que impõe uma dada moral normativa.

Com inspiração na Declaração de Direitos Humanos, o direito à inviolabilidade da intimidade da vida privada, da honra e da imagem é um avanço no comparativo com leis que reforçam práticas ditatoriais, que invadem aspectos até mesmo da vida privada. Contudo, ao relacionarmos tal princípio à concepção da liberdade liberal e à proteção da propriedade privada, há uma linha que impõe um limite concreto nas possibilidades emancipatórias.

Ao se desdobrar o princípio da inviolabilidade da vida ao "sigilo da fonte, quando necessário ao exercício profissional", temos, mesmo com as citadas limitações jurídicas, uma importante propositura legal de garantias individuais e coletivas. Quanto a se assegurar o "acesso à informação", também se trata de uma conquista, ao intentar democratizar as informações de interesse geral, prevendo transparência das ações, em especial, do poder público.

Tratamos por propositura legal, eis que o peso se acentuará no processo de detalhamento dos princípios; nesse caso, por meio da implementação das normativas específicas das profissões regulamentadas, nos seus códigos morais, considerados teoricamente Códigos de Ética.

Por ordem de vigência, listaremos as legislações gerais sobre o sigilo profissional, com início pelo Código Penal Brasileiro, com décadas de existência, tendo sofrido algumas inclusões por leis específicas.

Código Penal Brasileiro — Decreto-Lei n. 2.848/1940

Violação do segredo profissional
Art. 154. Revelar alguém, sem justa causa, segredo, de que tem ciência em razão de função, ministério, ofício ou profissão, e cuja revelação possa produzir dano a outrem.

Trata-se de um desdobramento ao que está previsto de forma mais genérica na Constituição Federal e, por sua vez, é objeto de detalhamento nas normativas profissionais específicas a cada área do saber regulamentada. É um impeditivo à divulgação de informações, ao contrário do artigo 269, da mesma lei, que impõe a divulgação, no exercício da medicina, sendo considerado crime: "Deixar o médico de denunciar à autoridade pública doença cuja notificação é compulsória".

Em análise de uma decisão do Supremo Tribunal Federal, Vieira (2004) argumenta que o art. 269 prevê o dever de comunicação apenas às autoridades públicas e destaca que, contudo, no art. 135, do mesmo Código, consta que é crime não se prestar assistência "à criança abandonada ou extraviada, ou à pessoa inválida ou ferida, ao desamparo ou em grave e iminente perigo; ou não pedir, nesses casos, o socorro da autoridade pública"[1].

O autor entende que "em muitos casos o profissional hesita entre o respeito ao segredo profissional e a necessidade de assistir um terceiro em perigo". Destacamos que dilemas éticos similares perpassam outras profissões, que devem se valer dos princípios morais para balizar suas escolhas.

Código de Processo Penal — Decreto-Lei n. 3.689/1941

Art. 207. São proibidas de depor as pessoas que, em razão de função, ministério, ofício ou profissão, devam guardar segredo, salvo se, desobrigadas pela parte interessada, quiserem dar o seu testemunho.

A base de tal prerrogativa, no exercício das profissões, visa não transformar seus agentes em testemunhas da justiça por terem tido contato com informações nas intervenções, havendo previsão em

---

1. VIEIRA, Tereza. *In* site Velani Advogados: http://www.velaniadvogados.com.br/o-sigilo--profissional-e-as-determinacoes-do-poder-publico/ — "O Sigilo Profissional e as determinações do Poder Público", Revista Jurídica Consulex n. 185. Brasília: Consulex, 2004.

vários Códigos de Ética, a exemplo do art. 20 "a" do Código de Ética do/a assistente social.

Lei das Contravenções Penais — Decreto-Lei n. 3.688/1941

Das contravenções referentes à administração pública

Art. 66. Deixar de comunicar à autoridade competente:

I — crime de ação pública, de que teve conhecimento no exercício de função pública, desde que a ação penal não dependa de representação;

II — crime de ação pública, de que teve conhecimento no exercício da medicina ou de outra profissão sanitária, desde que a ação penal não dependa de representação e a comunicação não exponha o cliente a procedimento criminal.

Assim como no Código Penal antes abordado, há a observância de comunicação, aos órgãos competentes, de situações cuja gravidade exija a sua revelação, especialmente em questões de relevância aos interesses coletivos. Segundo expõe Martins (2015), o sigilo profissional "não é absoluto, devendo ceder quando interesses jurídicos maiores, portanto, sempre que um outro bem jurídico, de maior relevância que o segredo, necessitar ser protegido, deve-se 'deixar de lado' o segredo profissional"[2].

Código de Processo Civil — Lei n. 13.105/2015

Art. 347. A parte não é obrigada a depor de fatos:

II — a cujo respeito, por estado ou profissão, deva guardar sigilo.

Art. 406. A testemunha não é obrigada a depor de fatos:

II — a cujo respeito, por estado ou profissão, deva guardar sigilo.

Reforça o já previsto pelo Código de Processo Penal, cabendo aos Conselhos de Classe se respaldar em tais normativas e detalhar as

---

2. MARTINS, Matheus. "Sigilo Profissional". *In* Blog Pesquisa Universitária. 2015.

garantias jurídico-legais em suas normas específicas, a fim de resguardar os direitos dos usuários e dos profissionais quanto ao sigilo profissional.

Pelo exposto, observa-se um rol de normativas, de abrangência geral, tratando da matéria do sigilo, no que se confirmam garantias legais aos usuários de várias profissões, cujo labor requer o resguardo do sigilo das informações recebidas. Uma decisão judicial no Superior Tribunal de Justiça (1998), conforme citado por Martins (2015, idem), foi emanada nos seguintes termos:

> É que há uma grande necessidade social de se tutelar a confiança depositada em certas profissões, sem a qual seria inviável o desempenho de suas funções, pois, na sociedade moderna, em que se impõe a divisão de trabalho, uns sendo dependentes dos outros, seria impossível a vida social se não fosse protegida a intimidade das pessoas e das empresas mediante o dever do sigilo profissional.

Para que uma atuação profissional se desenvolva, é necessário o estabelecimento de uma relação de confiança com os respectivos usuários das atuações técnico-profissionais. Caso não tivéssemos assegurado o direito ao sigilo, legal e eticamente, a população não teria segurança em acionar profissionais das áreas cujas atuações requerem o acesso a informações e fatos de suas vidas em várias dimensões. Em razão desse mister, a revelação verbal de fatos, a divulgação de dados pessoais e de documentos a que se tenha conhecimento no exercício das profissões, reveste-se de gravidade ímpar. Segundo Oliveira:

> [...] É o segredo, o que deve ser mantido em sigilo. Para a doutrina, é considerado como o fato da vida íntima de alguém, em que se há o interesse de que não seja revelado a outras pessoas. Mesmo que o segredo se refira a fato criminoso, deve ser guardado, como nos casos em que alguém confessa a seu advogado que cometeu um crime. É necessário que a revelação do segredo possa causar dano a outrem, não se exigindo a efetiva produção do dano, somente a possibilidade dele ocorrer.

Na citação anterior, observa-se distinção no tratamento da nomenclatura sigilo e segredo por alguns teóricos e em legislações e determinados Códigos de Ética, o que o Serviço Social não acompanhou no seu atual Código.

1.1 Previsão de quebra do sigilo nas legislações gerais

Há exigências legais, de âmbito federal, quanto à defesa dos direitos de minorais (no sentido político; de atendimento/respeito às suas necessidades), concernente à obrigatoriedade de comunicação às autoridades competentes, por profissionais que tomam conhecimento de situações cuja gravidade apresente riscos à integridade dos usuários.

Tais normatizações, diferentemente da maior parte das demais, anteriormente citadas, preveem o dever de quebra do sigilo em situações específicas.

Estatuto da Criança e do Adolescente — Lei n. 8.069/1990

Art. 13. Os casos de suspeita ou confirmação de castigo físico, de tratamento cruel ou degradante e de maus-tratos contra criança ou adolescente serão obrigatoriamente comunicados ao Conselho Tutelar da respectiva localidade, sem prejuízo de outras providências legais (redação dada pela Lei n. 13.010, de 2014).

Art. 245. Deixar o médico, professor ou responsável por estabelecimento de atenção à saúde e de ensino fundamental, pré-escola ou creche, de comunicar à autoridade competente os casos de que tenha conhecimento, envolvendo suspeita ou confirmação de maus-tratos contra criança ou adolescente.

É importante considerar o marco legal da existência do Estatuto da Criança e do Adolescente (ECA), atingindo um outro patamar normativo nos seus fundamentos, o que se destrinchou em diversos conteúdos, segundo a concepção da criança e do adolescente como sujeitos de direitos, em processo de desenvolvimento, com "absoluta prioridade", entre outros aspectos, no acesso às políticas públicas. A família, a sociedade e o Estado são responsáveis pela segurança dos sujeitos nessa etapa peculiar de vida.

Nesse espírito da norma, por assegurar direitos em ordem de prioridade a tal segmento e ao exigir a proteção de toda a sociedade, configura-se a justificativa para o estabelecimento de normativas complementares, buscando dar mais consistência aos citados preceitos.

Assim, por meio da prescrição legal, direcionada aos responsáveis por estabelecimentos que prestam serviços específicos, aos profissionais e à sociedade em geral, exige-se a comunicação às autoridades competentes de situações degradantes sofridas por crianças e adolescentes; norma necessária ao impor positivamente uma conduta ética em defesa dos direitos humanos.

Estatuto do Idoso — Lei n. 10.741/2003

Art. 19. Os casos de suspeita ou confirmação de violência praticada contra idosos serão objeto de notificação compulsória pelos serviços de saúde públicos e privados à autoridade sanitária, bem como serão obrigatoriamente comunicados por eles a quaisquer dos seguintes órgãos (redação dada pela Lei n. 12.461, de 2011):
I — Autoridade policial;
II — Ministério Público;
III — Conselho Municipal do Idoso;
IV — Conselho Estadual do Idoso;
V — Conselho Nacional do Idoso.
§ 1º Para os efeitos desta Lei, considera-se violência contra o idoso qualquer ação ou omissão praticada em local público ou privado que lhe cause morte, dano ou sofrimento físico ou psicológico (incluído pela Lei n. 12.461, de 2011).
Das Infrações Administrativas
Art. 57. Deixar o profissional de saúde ou o responsável por estabelecimento de saúde ou instituição de longa permanência de comunicar

à autoridade competente os casos de crimes contra idoso de que tiver conhecimento.

Os legisladores, assim como no caso do ECA, conceberam a população idosa na condição de cidadãos que necessitam de atenção especial. Não é raro que idosos permaneçam sob os cuidados de familiares, de pessoas da comunidade ou de instituições, principalmente quando perdem parte ou a integralidade das autonomias intelectual e física.

Sob as condições especiais da idade avançada, independentemente da fragilidade da saúde física ou mental, fez-se necessário estipular legalmente deveres à sociedade e, em particular, aos profissionais que prestam serviços voltados a esse segmento, mais comumente em instituições de longa permanência e em equipamentos de saúde.

Violência contra a mulher — Lei n. 10.778/2003

Art. 1º Constitui objeto de notificação compulsória, em todo o território nacional, a violência contra a mulher atendida em serviços de saúde públicos e privados.

§ 1º Para os efeitos desta Lei, entende-se por violência contra a mulher qualquer ação ou conduta, baseada no gênero, inclusive decorrente de discriminação ou desigualdade étnica, que cause morte, dano ou sofrimento físico, sexual ou psicológico à mulher, tanto no âmbito público quanto no privado (redação dada pela Lei n. 12.288, de 2010).

Art. 3º A notificação compulsória dos casos de violência de que trata esta Lei tem caráter sigiloso, obrigando nesse sentido as autoridades sanitárias que a tenham recebido.

Parágrafo único. A identificação da vítima de violência referida nesta Lei, fora do âmbito dos serviços de saúde, somente poderá efetivar-se, em caráter excepcional, em caso de risco à comunidade ou à vítima, a juízo da autoridade sanitária e com conhecimento prévio da vítima ou do seu responsável.

Além da citada normativa, há portarias, instruções, manuais e instrumentais específicos tratando da compulsoriedade de comunicação de violência contra as mulheres, especialmente do Ministério da Saúde. É mais uma das tentativas de enfrentamento à brutal cultura da violência a que se encontram submetidas, com repercussão em todas as classes sociais.

Devido à situação de fragilidade com que as mulheres vítimas de violência (sobretudo violência doméstica) sofrem, o suporte das instituições por onde são atendidas é fundamental, com destaque aos momentos posteriores em que sofreram algum tipo de agressão. Tal conduta faz toda a diferença para contribuir no processo de interrupção de relações opressoras, marcadas por um ciclo de submissão da vítima a constantes sofrimentos psíquicos e físicos.

Procedimento que se agrega a outras frentes de atuação, algumas mediante estratégias de ação política e legal em relação aos aspectos culturais, na direção do enfrentamento ao sexismo, vem se somar buscando a mudança do amplo índice de violência contra a mulher, com alto número de vítimas fatais.

As três normativas específicas não se contrapõem às legislações mais genéricas inicialmente relacionadas. Há previsão similar nas leis gerais, dando um tratamento abrangente a todas as políticas quanto à obrigatoriedade de revelar informações de que tenham conhecimento, no exercício profissional, quando as situações atenderem ao interesse primeiro da sociedade e apresentarem justa causa, o que vem a contemplar o espírito das normas voltadas especificamente a segmentos; neste caso, em defesa dos direitos da criança e adolescente, do idoso e da mulher.

Tais garantias estão asseguradas no Código de Ética do/a assistente social, ao dispor, como um dos deveres nas relações com entidades da categoria e demais organizações da sociedade civil, no artigo 13, "b":

> Denunciar, no exercício da Profissão, às entidades de organização da categoria, às autoridades e aos órgãos competentes, casos de violação da Lei e dos Direitos Humanos, quanto a: corrupção, maus-tratos, torturas, ausência de condições mínimas de sobrevivência, discriminação,

preconceito, abuso de autoridade individual e institucional, qualquer forma de agressão ou falta de respeito à integridade física, social e mental do cidadão.

O Cress-RJ elaborou o "Termo de orientação: realização de visitas domiciliares quando requisitadas a assistentes sociais", para averiguar denúncias de violência intrafamiliar e doméstica, considerando como um relevante instrumento para conhecer o contexto social de todo o grupo familiar, a fim de "entender a violência como produto histórico e apontar medidas para os órgãos de proteção que atendam às necessidades dos membros da família", ressaltando que não cabe "julgamento moral por parte de assistentes sociais acerca da dinâmica familiar e de seus membros".

2. Normas éticas sobre o sigilo em outras profissões

A proposta de nos aproximarmos de informações em relação ao sigilo, na sociedade, que carregam similaridades com o Serviço Social, nos remeteu a afunilar o estudo, buscando dados em outras profissões regulamentadas, tanto no que concerne à atuação técnica como à normatização da conduta ética prescrita aos seus agentes em relação ao tema.

Segundo Iamamoto e Carvalho (1996), as profissões se conformam pelas dimensões objetiva e subjetiva. O primeiro aspecto é decorrente das exigências sociais postas em determinado momento histórico. O segundo aspecto conforma-se de acordo com a maneira como os seus agentes se organizam teórica, ético-política e jurídico-legalmente para dar forma e concretude à atuação, respondendo, assim, às demandas sociais.

Em diversas questões, as requisições da sociedade espraiam-se às várias profissões e apresentam similaridades. Em relação ao sigilo, aparenta uma aproximação entre condutas, especialmente em termos de requisições legais/judiciais e na preocupação *interna corporis* ao tratamento dado aos direitos dos usuários das diferentes áreas do saber.

O sigilo na Medicina

Na medicina, o sigilo é abordado no Código de Ética Médica — Resolução do Conselho Federal de Medicina (CFM) n. 1.931/2009, no capítulo IX, sob a denominação ora de sigilo, ora como segredo:

> É vedado ao médico:
> Art. 73. Revelar fato de que tenha conhecimento em virtude do exercício de sua profissão, salvo por motivo justo, dever legal ou consentimento, por escrito, do paciente.
> Parágrafo único. Permanece essa proibição:
> a) mesmo que o fato seja de conhecimento público ou o paciente tenha falecido;
> b) quando de seu depoimento como testemunha. Nessa hipótese, o médico comparecerá perante a autoridade e declarará seu impedimento;
> c) na investigação de suspeita de crime, o médico estará impedido de revelar segredo que possa expor o paciente a processo penal.
> Art. 74. Revelar sigilo profissional relacionado a paciente menor de idade, inclusive a seus pais ou representantes legais, desde que o menor tenha capacidade de discernimento, salvo quando a não revelação possa acarretar dano ao paciente.
> Art. 75. Fazer referência a casos clínicos identificáveis, exibir pacientes ou seus retratos em anúncios profissionais ou na divulgação de assuntos médicos, em meios de comunicação em geral, mesmo com autorização do paciente.
> Art. 76. Revelar informações confidenciais obtidas quando do exame médico de trabalhadores, inclusive por exigência dos dirigentes de empresas ou de instituições, salvo se o silêncio puser em risco a saúde dos empregados ou da comunidade.
> Art. 77. Prestar informações a empresas seguradoras sobre as circunstâncias da morte do paciente sob seus cuidados, além das contidas na declaração de óbito.

Art. 78. Deixar de orientar seus auxiliares e alunos a respeitar o sigilo profissional e zelar para que seja por eles mantido.

Art. 79. Deixar de guardar o sigilo profissional na cobrança de honorários por meio judicial ou extrajudicial.

Art. 85. Permitir o manuseio e o conhecimento dos prontuários por pessoas não obrigadas ao sigilo profissional quando sob sua responsabilidade.

Art. 88. Negar, ao paciente, acesso a seu prontuário, deixar de lhe fornecer cópia quando solicitada, bem como deixar de lhe dar explicações necessárias à sua compreensão, salvo quando ocasionarem riscos ao próprio paciente ou a terceiros.

Art. 89. Liberar cópias do prontuário sob sua guarda, salvo quando autorizado, por escrito, pelo paciente, para atender ordem judicial ou para a sua própria defesa.

§ 1º Quando requisitado judicialmente, o prontuário será disponibilizado ao perito médico nomeado pelo juiz.

§ 2º Quando o prontuário for apresentado em sua própria defesa, o médico deverá solicitar que seja observado o sigilo profissional.

Art. 90. Deixar de fornecer cópia do prontuário médico de seu paciente quando de sua requisição pelos Conselhos Regionais de Medicina.

Art. 91. Deixar de atestar atos executados no exercício profissional, quando solicitado pelo paciente ou por seu representante legal.

Em consulta ao Conselho Regional de Medicina de São Paulo (Cremesp), foi-nos informada a existência, em voga, da Resolução do CFM n. 1.605/2000, que "estabelece normas sobre o segredo profissional". Consta de suas considerações "que o sigilo médico é instituído em favor do paciente, o que encontra suporte na garantia insculpida no art. 5º, inciso X, da Constituição Federal". A norma se fundamenta no art. 269 do Código Penal, consignando que só há o dever de comunicar às autoridades doenças de notificação obrigatória, e na Lei de Contravenções Penais, com a garantia de que "não exponha o paciente a procedimento criminal".

Entende-se que "a lei penal só obriga a 'comunicação', o que não implica a remessa da ficha", já que na ficha ou no prontuário não consta somente o atendimento específico, incluindo também os demais dados de saúde dos pacientes e a possibilidade de revelação pode resultar na omissão de informações ao médico, pelo paciente, o que prejudicará o seu tratamento. A justificativa central da norma reside na frequente requisição, por órgãos do Sistema de Justiça (Judiciário, Ministério Público e polícia), de prontuários e fichas médicas. A posição do CFM é de que tal ocorrência é ilegal "quando há outros meios de obtenção da informação necessária como prova".

Tais imposições à conduta ética médica remetem-nos ao episódio da internação hospitalar da falecida ex-primeira dama Marisa Letícia, quando teve exames da sua grave condição clínica divulgados, por profissional da medicina, em um grupo médico do aplicativo digital *WhatsApp*, tendo havido a publicação em rede social por um dos seus membros. Agrega-se ao fato, em si grave, o proferimento de palavras de ódio na divulgação, por outro médico, com incitação ao crime de "abreviamento" da morte cerebral da paciente, o que gerou intensos debates na mídia e na sociedade acerca da postura profissional desrespeitosa e contrária ao que reza as citadas normativas da profissão.

A resolução CFM n. 1.665/03 "dispõe sobre a responsabilidade ética das instituições e profissionais médicos na prevenção, controle e tratamento dos pacientes portadores do vírus da Sida (Aids) e soropositivos" e estabelece:

> Art. 9º O sigilo profissional que liga os médicos entre si e cada médico a seu paciente deve ser absoluto, nos termos da lei, e notadamente resguardado em relação aos empregadores e aos serviços públicos.
> Parágrafo único. O médico não poderá transmitir informações sobre a condição do portador do vírus da SIDA (AIDS), mesmo quando submetido a normas de trabalho em serviço público ou privado, salvo nos casos previstos em lei, especialmente quando disto resultar a proibição da internação, a interrupção ou limitação do tratamento ou a transferência dos custos para o paciente ou sua família.
> Art. 10. O sigilo profissional deve ser rigorosamente respeitado em relação aos pacientes portadores do vírus da SIDA (AIDS), salvo nos casos determinados por lei, por justa causa ou por autorização expressa do paciente.

Esse é um tema de forte apelo à reflexão em estudos da bioética, especialmente quando a doença, no seu início, passou a ser amplamente divulgada, gerando muitas preocupações e preconceitos. Vieira (2004) destaca que em uma ação penal o Supremo Tribunal Federal[3] decidiu que:

> É constrangimento ilegal exigir-se de clínicas ou hospitais a revelação de suas anotações sigilosas. [...] O sigilo médico, embora não tenha caráter absoluto, deve ser tratado com a maior delicadeza, só podendo ser quebrado em hipóteses muito especiais; tratando-se de investigação de crime, sua revelação deve ser feita em termos, ressalvando-se os interesses do cliente, pois o médico não pode se transformar num delator de seu paciente.

O estudioso indaga se o médico deveria revelar a sífilis de sua paciente ao "futuro marido" dela, entendendo que o profissional deve "respeitar o segredo profissional", mas "prevenir a paciente do perigo de contaminação e de imperiosa necessidade de comunicar tal fato ao seu companheiro". Compreende que na "maior parte dos casos o paciente não revela a doença pelo fato de as pessoas presumirem as formas de aquisição desta" e complementa:

> Poderia o médico atestar por escrito o estado da paciente, bem como o perigo que este representa para terceiros, principalmente seu marido. É evidente que, apenas com a assinatura de tal documento, não se desobrigará de uma responsabilidade, no entanto, terá exercido uma pressão suplementar sobre a paciente.

O CFM nos remeteu uma vultosa quantidade de documentos aprovados internamente versando sobre o sigilo, somando quatorze pareceres e dezenove despachos, elaborados em resposta a consultas de instituições, médicos, usuários e por motivação interna, denotando preocupação na orientação da conduta em relação ao tema, por

---

3. STF.my — RT 562/407. RJTJSP 81/437.

apresentar forte impacto na atuação da categoria, com desdobramentos nos direitos da população.

A título de exemplo, citamos as definições: o atestado médico não se trata de mero documento administrativo e requer sigilo; na gravação de consulta por paciente, deve haver a concordância do médico e, caso discorde, pode-se recusar a prestar atendimento, "fato que também não poderá ser considerado ilícito ético", considerando que "o médico também tem direito à preservação de sua imagem, razão pela qual deve estar ciente da gravação e autorizá-la".

Há diversas consultas tratando de complexas situações concretas, no que as respostas apresentam a fundamentação legal geral e as previsões normativas do CFM, sem manifestar uma resposta conclusiva, a fim de preservar o órgão como instância recursal nas suas interpelações. Nesse sentido, identificamos consultas dessa categoria sobre a possibilidade de se revelar o diagnóstico de pacientes com HIV que se recusam a comunicá-lo ao parceiro, tendo tais profissionais sido orientados a avaliar cada situação, levando-se em conta a observância do sigilo, mas também do interesse público, além do dever de considerar as "situações criminosas" em que haja previsão legal — no caso, a exposição de outros a contágio de doença sexualmente transmissível, tendo o seu conhecimento.

Há consultas direcionadas por médicos sobre situações que tiveram conhecimento, como violência de gênero e abuso sexual contra crianças e adolescentes, com manifestação do CFM fundamentada nos direitos de tais segmentos da população, considerando as normativas gerais existentes.

Constam manifestações sobre temas atuais, como divulgação de resultado de tratamento em rede social, permitido somente quando o médico compartilha avaliação do próprio paciente ou concorda em ser marcado na postagem e desde que não se dê de forma sistemática e reiterada; permissão para uso do aplicativo *WhatsApp* para complementar orientação médica e recurso de discussão de situações genéricas por grupos de especialistas; preservação da intimidade do doador de embriões; possibilidade de divulgar prontuário médico de ex-paciente (pedido feito pela própria usuária), com o objetivo de utilizar as ocorrências para compor o processo de canonização de religiosos, com manifestação da sua legalidade pelo Conselho.

Outro tema sensível, frequentemente veiculado na mídia, diz respeito a casos de mulheres processadas por aborto, por meio de denúncias feitas por médicos, em serviços de emergência de saúde, o que contraria as normas éticas, por dispor que "o médico estará impedido de revelar segredo que possa expor o paciente a processo penal" (art. 73 do Código de Ética).

O sigilo na Enfermagem

O Código de Ética de Enfermagem, Resolução do Conselho Federal de Enfermagem (Cofen) n. 311/2007, dá o seguinte tratamento ao sigilo:

Direitos
Art. 81. Abster-se de revelar informações confidenciais de que tenha conhecimento em razão de seu exercício profissional a pessoas ou entidades que não estejam obrigadas ao sigilo.
Responsabilidade e deveres
Art. 82. Manter segredo sobre fato sigiloso de que tenha conhecimento em razão de sua atividade profissional, exceto casos previstos em lei, ordem judicial, ou com o consentimento escrito da pessoa envolvida ou de seu representante legal.
§ 1º Permanece o dever mesmo quando o fato seja de conhecimento público e em caso de falecimento da pessoa envolvida.
§ 2º Em atividade multiprofissional, o fato sigiloso poderá ser revelado quando necessário à prestação da assistência.
§ 3º O profissional de Enfermagem intimado como testemunha deverá comparecer perante a autoridade e, se for o caso, declarar seu impedimento de revelar o segredo.
§ 4º O segredo profissional referente ao menor de idade deverá ser mantido, mesmo quando a revelação seja solicitada por pais ou responsáveis,

desde que o menor tenha capacidade de discernimento, exceto nos casos em que possa acarretar danos ou riscos ao mesmo.

Art. 83. Orientar, na condição de Enfermeiro, a equipe sob sua responsabilidade sobre o dever do sigilo profissional.

Proibições

Art. 84. Franquear o acesso a informações e documentos a pessoas que não estão diretamente envolvidas na prestação da assistência, exceto nos casos previstos na legislação vigente ou por ordem judicial.

Art. 85. Divulgar ou fazer referência a casos, situações ou fatos de forma que os envolvidos possam ser identificados.

Assim como no Código de Ética Médica, na enfermagem também há o uso de ambas as terminologias: sigilo e segredo, havendo outros conteúdos similares ao tratamento dado à área da medicina.

O parecer da Câmara Técnica n. 28/2012, originado pela requisição de enfermeiros "sobre a possibilidade de se prestar informações sobre o diagnóstico médico de HIV positivo para os parceiros de mulheres parturientes ou de expor o diagnóstico clínico ao próprio paciente", considerou a relevância da proteção "ao bem jurídico tutelado", a saúde, o que prevê o Código Penal nos artigos 130, 131 e 132 (que tratam da exposição de terceiros a contágio de doenças venéreas; prática de ato com a intenção de transmitir doenças; expor a vida ou a saúde de outros a perigo direto e iminente).

Problematiza que a posição do profissional de saúde, ao se ver diante de "um dilema, qual seja, o choque entre dois interesses sociais diversos, um ligado ao resguardo do sigilo profissional, e o outro, ligado ao bem-estar e a vida de um terceiro"; assim, o direito do paciente à sua intimidade deveria ser, em caráter de excepcionalidade, "sacrificado em virtude da proteção a um bem tutelado mais forte, uma vez que o interesse público de manutenção da vida se sobrepõe a qualquer outro interesse", concluindo por:

> Sendo que, toda vez que imprescindível a revelação de dados de pessoas, tal ato deverá ser precedido do consentimento expresso do paciente ou

de seu representante legal, salvo se a determinação for emanada de conteúdo legislativo, ordem judicial ou, ainda, quando um interesse maior que a intimidade ou vida privada esteja em jogo, qual seja, o direito à saúde e o direito à vida.

Fazemos referência a Dias et al. (2013, p. 453), que, ao discorrerem sobre o sigilo na prática da enfermagem e da odontologia, apontam as situações previstas em legislação que devem ter suas informações divulgadas:

> A legislação prevê as situações nas quais o segredo deve ser revelado. Dentre estas: 1) quando se tratar de uma declaração de nascimento; 2) evitar um casamento, nos casos em que patologias possam pôr em risco um dos cônjuges ou a prole; 3) na declaração de doenças de notificação compulsória; 4) fato delituoso previsto em lei; 5) caso de sevícias de menores; 6) conhecimento de abortadores profissionais; 7) nas perícias médico-legais e nos registros de livros hospitalares. Pode-se revelar o segredo, ainda, quando o dono permite; quando o bem de terceiros o exige; quando o bem do depositário o exige ou quando o bem comum o exige. (...) Alinha-se neste pressuposto a notificação à autoridade competente sobre a existência de doenças ou situações de informação compulsória; maus-tratos em crianças ou adolescentes, abuso de cônjuge ou idoso e ferimento por arma de fogo ou outro tipo de arma, quando se suspeita que a lesão tenha ocorrido em função de ato criminoso.

O sigilo na Psicologia

O Código de Ética Profissional da(o) psicóloga(o), instituído pela Resolução do Conselho Federal de Psicologia (CFP) n. 010/2005, prevê:

> Art. 9º É dever do psicólogo respeitar o sigilo profissional a fim de proteger, por meio da confidencialidade, a intimidade das pessoas, grupos ou organizações, a que tenha acesso no exercício profissional.
> Art. 10. Nas situações em que se configure conflito entre as exigências decorrentes do disposto no Art. 9º e as afirmações dos princípios

fundamentais deste Código, excetuando-se os casos previstos em lei, o psicólogo poderá decidir pela quebra de sigilo, baseando sua decisão na busca do menor prejuízo.

Parágrafo único. Em caso de quebra do sigilo previsto no caput deste artigo, o psicólogo deverá restringir-se a prestar as informações estritamente necessárias.

Art. 11. Quando requisitado a depor em juízo, o psicólogo poderá prestar informações, considerando o previsto neste Código.

Art. 12. Nos documentos que embasam as atividades em equipe multiprofissional, o psicólogo registrará apenas as informações necessárias para o cumprimento dos objetivos do trabalho.

Art. 13. No atendimento à criança, ao adolescente ou ao interdito, deve ser comunicado aos responsáveis o estritamente essencial para se promoverem medidas em seu benefício.

Art. 14. A utilização de quaisquer meios de registro e observação da prática psicológica obedecerá às normas deste Código e à legislação profissional vigente, devendo o usuário ou beneficiário, desde o início, ser informado.

Art. 15. Em caso de interrupção do trabalho do psicólogo, por quaisquer motivos, ele deverá zelar pelo destino dos seus arquivos confidenciais.

§ 1º Em caso de demissão ou exoneração, o psicólogo deverá repassar todo o material ao psicólogo que vier a substituí-lo, ou lacrá-lo para posterior utilização pelo psicólogo substituto.

§ 2º Em caso de extinção do serviço de Psicologia, o psicólogo responsável informará ao Conselho Regional de Psicologia, que providenciará a destinação dos arquivos confidenciais.

Art. 16. O psicólogo, na realização de estudos, pesquisas e atividades voltadas para a produção de conhecimento e desenvolvimento de tecnologias:

a) Avaliará os riscos envolvidos, tanto pelos procedimentos como pela divulgação dos resultados, com o objetivo de proteger as pessoas, grupos, organizações e comunidades envolvidas;

b) Garantirá o caráter voluntário da participação dos envolvidos, mediante consentimento livre e esclarecido, salvo nas situações previstas em legislação específica e respeitando os princípios deste Código;

c) Garantirá o anonimato das pessoas, grupos ou organizações, salvo interesse manifesto destes;

d) Garantirá o acesso das pessoas, grupos ou organizações aos resultados das pesquisas ou estudos, após seu encerramento, sempre que assim o desejarem.

Foi elaborado o fôlder: "Série CRP/SP Orienta — Quebra de sigilo diante da Violação de Direitos" (2015), constando que o psicólogo, apesar da exigência ética em manter o sigilo e a privacidade das pessoas atendidas, não pode ser conivente com a violação de direitos, devendo denunciar suas ocorrências. Atribui aos profissionais a decisão em adotar tal conduta, cabendo avaliar "as possíveis consequências e o menor prejuízo". Orienta ainda que:

> O risco de cometer uma falta ética poderá ocorrer tanto pela quebra do sigilo quanto por não haver denunciado o fato. Assim, se questionada(o) em qualquer tempo por sua decisão de denunciar ou não, a(o) psicóloga(o) deverá estar fundamentada(o) e expor os motivos (técnicos e éticos) que a(o) levaram a tomar sua decisão.

A psicologia, por meio das suas entidades representativas, o Sistema de Conselhos CFP/CRPs, avançou nas últimas décadas nos posicionamentos em defesa dos direitos humanos, o que podemos conferir nessa nota orientativa, reforçando a previsão legal quanto a alguns segmentos da população, constituindo um importante documento norteador da conduta ética da categoria em questões envolvendo o sigilo profissional.

O sigilo no Direito

O Código de Ética e Disciplina da Ordem dos Advogados do Brasil — Resolução n. 02/2015, dá o seguinte tratamento ao sigilo:

> Do Sigilo Profissional
> Art. 35. O advogado tem o dever de guardar sigilo dos fatos de que tome conhecimento no exercício da profissão.

Parágrafo único. O sigilo profissional abrange os fatos de que o advogado tenha tido conhecimento em virtude de funções desempenhadas na Ordem dos Advogados do Brasil.

Art. 36. O sigilo profissional é de ordem pública, independendo de solicitação de reserva que lhe seja feita pelo cliente.

§ 1º Presumem-se confidenciais as comunicações de qualquer natureza entre advogado e cliente.

§ 2º O advogado, quando no exercício das funções de mediador, conciliador e árbitro, se submete às regras de sigilo profissional.

Art. 37. O sigilo profissional cederá em face de circunstâncias excepcionais que configurem justa causa, como nos casos de grave ameaça ao direito à vida e à honra ou que envolvam defesa própria.

Art. 38. O advogado não é obrigado a depor, em processo ou procedimento judicial, administrativo ou arbitral, sobre fatos a cujo respeito deva guardar sigilo profissional.

Têm sido propagandeados posicionamentos de agentes públicos, com destaque aos integrantes da midiática operação Lava Jato e alguns membros do mais alto escalão do Executivo, mediante tentativas de instituir dispositivos de restrição dos direitos dos advogados, com gravação de contatos com clientes investigados ou em regime de detenção, o que tem sido objeto de embates com a OAB, na sua defesa das prerrogativas da advocacia. São inegáveis o dever e os direitos do advogado em relação ao sigilo. A Lei n. 8.906/94, que institui o Estatuto da Advocacia e a OAB, ainda dispõe sobre as garantias do advogado, no seu art. 7º, em relação ao sigilo:

II — ter respeitada, em nome da liberdade de defesa e do sigilo profissional, a inviolabilidade de seu escritório ou local de trabalho, de seus arquivos e dados, de sua correspondência e de suas comunicações, inclusive telefônicas ou afins, salvo caso de busca ou apreensão determinada por magistrado e acompanhada de representante da OAB;

II — a inviolabilidade de seu escritório ou local de trabalho, bem como de seus instrumentos de trabalho, de sua correspondência escrita, eletrônica, telefônica e telemática, desde que relativas ao exercício da advocacia (redação dada pela Lei n. 11.767, de 2008).

O sigilo na Contabilidade

O Código de Ética Profissional do Contador — Resolução do Conselho Federal de Contabilidade n. 803/96 — assim estabelece:

> Art. 2º São deveres do profissional da Contabilidade:
> II — guardar sigilo sobre o que souber em razão do exercício profissional lícito, inclusive no âmbito do serviço público, ressalvados os casos previstos em lei ou quando solicitado por autoridades competentes, entre estas os Conselhos Regionais de Contabilidade.
> Art. 3º No desempenho de suas funções, é vedado ao profissional da Contabilidade:
> XVI — emitir referência que identifique o cliente ou empregador, com quebra de sigilo profissional, em publicação em que haja menção a trabalho que tenha realizado ou orientado, salvo quando autorizado por eles.

A regulamentação da profissão dos contabilistas apresenta diferença de outras áreas ao restringir o sigilo "em razão da atuação profissional lícita". É possível a quebra do sigilo, sem constar ressalvas, quando há solicitação pelas autoridades competentes.

O sigilo na Economia

O Código de Ética Profissional do Economista — Resolução do Conselho Federal de Economia n. 1.628/96 — normatiza que:

> Art. 4º São deveres fundamentais do economista:
> j) guardar sigilo sobre as informações técnico-econômicas privativas a que tiver acesso, sobretudo quanto ao uso indevido de informações privilegiadas, em detrimento dos interesses do País e da sociedade.

A economia, até pela sua particularidade, dispõe de regulamentação numa linha diferente das demais profissões em relação ao sigilo, ao normatizar o dever de se resguardar as informações "técnico-econômicas privativas", destacando a conduta quanto ao "uso indevido de informações privilegiadas, em detrimento dos interesses do País e da sociedade". Em tempos de recrudescimento da soberania nacional, fazem todo o sentido a existência e defesa veemente de tal observância, não só pelos economistas, mas por todos os cidadãos, de quaisquer profissões.

O sigilo na Engenharia

O Código de Ética Profissional da Engenharia, da Agronomia, da Geologia, da Geografia e da Meteorologia, aprovado pela Resolução do Conselho Federal n. 1.002/02, define que:

> Artigo 9º No exercício da profissão são deveres do profissional:
> III — nas relações com os clientes, empregadores e colaboradores:
> b) resguardar o sigilo profissional quando do interesse de seu cliente ou empregador, salvo em havendo a obrigação legal da divulgação ou da informação.

A engenharia também dispõe de um conteúdo sintético e mais genérico sobre o sigilo. Ao tratar do dever em resguardar o sigilo nas relações com o empregador, manifesta-se a conotação de submissão da categoria na relação de trabalho com os empregadores, o que pode contribuir para inibir posicionamentos e ações necessárias quando há indícios de prejuízos à população que tem dificuldades de reivindicar e fazer valer os seus direitos.

3. O sigilo no Serviço Social

O presente item propõe-se a abordar os conteúdos normativos internos ao Serviço Social em relação ao sigilo. Por normas internas, referimo-nos à construção e à aprovação de resoluções pela própria categoria, homologadas pelo Conselho Federal de Serviço Social, órgão representativo máximo, sem depender de legisladores externos, como é o caso da lei de regulamentação da profissão (Lei n. 8.662/93), instituída por lei federal, cabendo sua aprovação ao Legislativo Federal, com homologação pelo Executivo.

3.1 O sigilo no Serviço Social nos Códigos de Ética

O tema do sigilo, por tratar-se de uma das exigências imputadas à conduta profissional, compondo a sua dimensão ética, tem as prescrições previstas basicamente no Código de Ética. Elencaremos as abordagens sobre o sigilo presentes nos Códigos de Ética anteriores do Serviço Social, e, na sequência, no Código em vigência, descrevendo-os conforme foram denominados formalmente quando das suas respectivas aprovações — não aprofundaremos os fundamentos filosóficos dos Códigos, uma vez que já foram objeto de análise minuciosa da nossa maior especialista em ética profissional, Maria Lucia Silva Barroco, em sua mais densa obra: *Ética e Serviço Social:* fundamentos ontológicos (2001).

Código de Ética Profissional dos Assistentes Sociais de 1947

O primeiro Código de Ética do Serviço Social foi aprovado em assembleia geral da Associação Brasileira de Assistentes Sociais (Abas), em 29 de setembro de 1947. A concepção teórico-filosófica presente nesse momento da profissão, fundamentada no neotomismo cristão, pautava-se em preceitos doutrinários religiosos, contrariamente ao que é esperado para o trabalho técnico-científico de uma profissão, o que se confirma na seguinte prescrição:

> É dever do Assistente Social: cumprir os compromissos assumidos, respeitando a lei de Deus, os direitos naturais do homem, inspirando-se

sempre, em todos os seus atos profissionais, no bem comum e nos dispositivos de lei, tendo em mente o juramento prestado diante do testemunho de Deus.

Importa considerar que nesse momento da profissão ainda não havia se dado a sua regulamentação, inexistindo os órgãos fiscalizadores internos como hoje, regulamentação que se deu via decreto, em 1962.

Com a ausência dos Conselhos na profissão, órgãos que dispõem das condições mais propícias à interlocução com a categoria, cujo um dos encargos é a discussão interna à normatização das condutas éticas, podemos supor que naquele momento não havia condições objetivas para uma análise e normatização com precisão jurídica e ético-política — em 1936, deu-se a criação da primeira escola de formação de assistentes sociais, um prazo relativamente curto para a importância da tarefa que é a aprovação de um Código de Ética.

De forma geral, a abordagem da conduta ética profissional foi bem sintetizada, tendo o mesmo tratamento sido dispensado ao sigilo:

É dever do Assistente Social:
2 — Guardar rigoroso sigilo, mesmo em depoimentos judiciais, sobre o que saiba em razão de seu ofício.

O sigilo foi tratado de modo genérico, apenas como dever do profissional, especificando somente a conduta nos depoimentos judiciais e sem fazer quaisquer ressalvas ou prever os direitos e prerrogativas profissionais nessa questão — assim como em outras questões, como condições de trabalho, excepcionalidades à quebra do sigilo, entre diversas possibilidades que poderiam ser objeto de prescrição ética e não foram contempladas no Código.

O dever da preservação do sigilo em depoimentos pessoais foi a única prescrição em comum a constar em todos os Códigos, evoluindo o seu detalhamento em cada um deles. Nas legislações gerais sobre o sigilo, no Código de Processo Penal, de 1941, e no Código de Processo Civil, de 2015, há previsão da proibição de profissionais prestarem depoimento judicial como testemunha, o que foi detalhado nas normas de várias profissões.

Código de Ética Profissional do Assistente Social de 1965

O segundo Código de Ética do Serviço Social foi o primeiro aprovado pelo Conselho Federal de Assistentes Sociais (CFAS), órgão de fiscalização da profissão assim denominado naquele momento, pela identificação com a nomenclatura da categoria profissional e não da profissão, o que assim permaneceu, desde a regulamentação da profissão, pelo Decreto n. 994/62, em 1962 (que regulamentou a Lei n. 3.252/57), até a revisão em 1993.

Nesse momento, os fundamentos da profissão são influenciados pela concepção funcionalista, com um lastro de neotomismo e ideias liberais burguesas, apresentando um marcante ecletismo. O Código, contudo, apresenta avanços em relação ao anterior, por influência, segundo Brites e Sales (2000, p. 28), "de crenças e expectativas desenvolvimentistas na justiça social e no projeto modernizador do Estado, predominantes à época".

Observa-se tal avanço, por exemplo, no artigo 8°, ao prescrever que o profissional "deve colaborar com os poderes públicos na preservação do bem comum e dos direitos individuais, dentro dos princípios democráticos, lutando inclusive para o estabelecimento de uma ordem social justa".

No que toca ao sigilo, foi contemplado com a seguinte redação:

Do Segredo Profissional
Art. 15. O assistente social é obrigado pela Ética e pela Lei (art. 154 do Código Penal) a guardar segredo sobre todas as confidências recebidas e fatos de que tenha conhecimento ou haja observado no exercício de sua atividade profissional, obrigando-se a exigir o mesmo segredo de todos os seus colaboradores.

§ 1º Tendo-se em vista exclusivamente impedir um mal maior, será admissível a revelação do segredo profissional para evitar um dano grave, injusto e atual ao próprio cliente, ao assistente social, a terceiros e ao bem comum.

§ 2º A revelação só será feita, após terem sido empregados todos os recursos e todos os esforços, para que o próprio cliente se disponha a revelá-lo.

§ 3º A revelação será feita dentro do estrito necessário o mais discretamente possível, quer em relação ao grau e ao número de pessoas que dele devam tomar conhecimento.

Art. 16. Além do segredo profissional, ao qual está moral e legalmente sujeito, o assistente social deve guardar discrição no que concerne ao exercício de sua profissão, sobretudo quanto à intimidade das vidas particulares, dos lares e das instituições onde trabalhe.

Art. 17. O assistente social não se obriga a depor, como testemunha, sobre fatos de que tenha conhecimento profissional, mas intimado a prestar depoimento, deverá comparecer perante a autoridade competente para declarar-lhe que está ligado à obrigação do segredo profissional, de acordo com o art. 144 do Código Civil.

A única nomenclatura utilizada, o segredo, deu-se somente neste Código. Segundo Martins (2015), há quem trate indistintamente e quem faça distinção entre ambas as denominações, considerando que:

O sigilo, palavra que deriva do latim *sigillum* (pequena marca, sinal, selo), pode ter seu significado equiparado ao segredo, mas há quem diga que existem diferenças entre eles. Para aqueles que defendem a distinção, **segredo** é tudo aquilo situado na esfera da intimidade do indivíduo, constitui tudo quanto o indivíduo tem interesse de manter reservado, alheio ao conhecimento de terceiros. **Sigilo** é o meio de garantia do segredo, é o "selo" que o protege.

Chama a atenção o fato de nomear como "confidências" as informações a que os profissionais têm acesso no processo de atuação, especialmente durante o atendimento dos usuários, qualificados, então, como "clientes".

A terminologia "confidências" se aproxima mais de termos comumente utilizados nas relações de caráter pessoal, assim como os termos "discrição", "discretamente", "intimidade dos lares". O dever do profissional é tratado como "obrigação" tanto para si como para os seus "colaboradores", o que, no nosso entendimento, não apresenta equívoco de conteúdo (enquanto finalidade), mas a forma como é abordado tal compromisso, travestido de um imperativo ético, denota autoritarismo na prescrição e nas relações profissionais: "[...] obrigando-se a exigir o mesmo segredo de todos os seus colaboradores".

Por sua vez, o termo "colaboradores" ganha atenção por sua imprecisão no contexto redigido e por seu significado na atualidade: a utilização na esfera privada, nas relações funcionais, tem a finalidade de maquiar a exploração e passar um verniz verborrágico de agente colaborador — contudo, não deve ter sido esse o sentido naquela época, referindo-se, possivelmente, à relação do profissional com o seu suporte administrativo.

A previsão para a quebra do sigilo, pela primeira vez abordada num Código de Ética, teve como justificativa "exclusivamente impedir um mal maior" e "evitar um dano grave, injusto e atual ao próprio cliente, ao assistente social, a terceiros e ao bem comum", tratamento bem genérico a tal conduta ética.

Código de Ética Profissional do Assistente Social de 1975

No Código de 1975, aprovado pelo Conselho Federal de Assistentes Sociais em 30 de janeiro de 1975, a profissão, de forma hegemônica, fundamentava sua ação na combinação do referencial fenomenológico com o personalismo cristão.

O Código, sob tal influência, teve seu conteúdo calcado em base mais conservadora e tecnicista do que o anterior, passando a dispor de uma abordagem psicologizante e moralizadora — um dos símbolos da vertente da profissão denominada por Netto (1996) como Reatualização do Conservadorismo. O tratamento normativo dado ao sigilo:

Art. 4º São direitos do Assistente Social:

I — Com relação ao exercício profissional:

c) proteção à confidencialidade do cliente;

d) sigilo profissional;

e) inviolabilidade do domicílio, do consultório, dos locais de trabalho e respectivos arquivos.

Art. 6º É vedado ao Assistente Social:

c) divulgar nome, endereço ou outro elemento que identifique o cliente.

Do Segredo Profissional

Art. 7º O Assistente Social deve observar o segredo profissional:

I — Sobre todas as confidências recebidas, fatos e observações colhidas no exercício da profissão;

II — Abstendo-se de transcrever informações de natureza confidencial;

III — Mantendo discrição de atitudes, nos relatórios de serviço, onde quer que trabalhe.

§ 1º O sigilo estender-se-á à equipe interdisciplinar e aos auxiliares, devendo o Assistente Social empenhar-se em sua guarda.

§ 2º É admissível revelar segredo profissional para evitar dano grave, injusto e atual ao próprio cliente, ao Assistente Social, a terceiro ou ao bem comum.

§ 3º A revelação do sigilo profissional será admitida após se haverem esgotados todos os recursos e esforços para que o próprio cliente se disponha a revelá-lo.

§ 4º A revelação será feita dentro do estritamente necessário, o mais discretamente possível, quer em relação ao assunto revelado, quer ao grau e número de pessoas que dele devam tomar conhecimento.

§ 5º Não constitui quebra do segredo profissional a revelação de casos de sevícias, castigos corporais, atentados ao pudor, supressão intencional de alimento e uso de tóxicos, com vista à proteção do menor.

Art. 8º É vedado ao Assistente Social:

I — Investigar documento de pessoa física ou jurídica sem estar devidamente autorizado;

II — Depor como testemunha sobre fato de que tenha conhecimento no exercício profissional;

III — Revelar, quando ligado a contrato que o obrigue a prestar informações, o que não for de natureza pública e que acarrete a quebra do segredo profissional.

Parágrafo único. Intimado a prestar depoimento, deverá o Assistente Social comparecer perante a autoridade competente para declarar-lhe que está obrigado a guardar segredo profissional, nos termos do Código Civil e deste Código.

Há utilização, exclusivo desse Código, de ambas as terminologias: segredo e sigilo. Observa-se mais precisão em relação ao Código anterior ao tratar do sigilo. Neste, o termo "colaboradores" foi substituído por equipe interdisciplinar e auxiliares — conforme o artigo 7º.

Foi reproduzida a redação quanto à admissão de revelação de "segredo profissional" do Código anterior ("para evitar um dano grave, injusto e atual ao próprio cliente, ao assistente social, a terceiros e ao bem comum", concepção abstrata da sociedade/relações sociais), agregando a especificação em "casos de sevícias, castigos corporais, atentados ao pudor, supressão intencional de alimento e uso de tóxicos, com vista à proteção do menor".

É significativo ter sido avaliada a necessidade de contemplar no Código, no artigo 8º, a vedação à investigação de documento "de pessoa física ou jurídica sem estar devidamente autorizado". Denota um enfrentamento às práticas policialescas, empunhadas por profissionais que se sentem na condição de se travestirem de investigadores da vida dos usuários.

Há o emprego do termo "cliente" e "consultório", remetendo à possibilidade de atuação em espaços como profissionais autônomos, o que é possível legalmente, pelo fato de as profissões regulamentadas terem o *status* de liberais; mas, na realidade, é rara tal incidência no Serviço Social, pela natureza particular da profissão, que depende majoritariamente das condições de trabalho disponibilizadas pelos empregadores. Indica também atuação na perspectiva clínica — possibilitada naquele momento, mas desde a promulgação da Resolução

Cfess n. 569/2010 é vedada a associação do título ou o exercício da profissão a práticas terapêuticas.

A esfera privada foi contemplada na norma, constituindo-se em direito da categoria a inviolabilidade do domicílio, além do local de trabalho e dos arquivos/documentação, o que indica um regramento indevido, por constarem em um Código de Ética de uma profissão aspectos da vida privada.

Código de Ética Profissional do Assistente Social de 1986

Aprovado pelo então CFAS, em 9 de maio de 1986, compôs o processo evolutivo que a profissão vinha sofrendo nas suas frentes: no arcabouço teórico, na organização e democratização das entidades representativas (em 1987, foi inaugurada a eleição direta e não obrigatória para o CFESS) e nas experiências críticas no trabalho profissional, vinculadas à vertente de renovação da profissão denominada por Netto (1996) como Intenção de Ruptura.

Esse primeiro Código sob a influência hegemônica de tal perspectiva, fundamentada na teoria marxista, agregou inovações críticas nas dimensões da formação/trabalho profissional, mesmo que, em um primeiro momento, por não buscar Marx na fonte, apresentou algumas fragilidades.

Nesse compasso, a dimensão ética apresentou evolução, contudo, restando equívocos na sua fundamentação filosófica, o que se expressou em alguns conteúdos do Código, conforme podemos observar no recorte do sigilo:

> Art. 2º Constituem-se direitos do Assistente Social:
> e) inviolabilidade do domicílio, do local de trabalho e respectivos arquivos e documentação.
> Do Sigilo Profissional
> Art. 4º O Assistente Social deve observar o sigilo profissional, sobre todas as informações confiadas e/ou colhidas no exercício profissional.

§ 1º A quebra do sigilo só é admissível quando se tratar de situação cuja gravidade possa trazer prejuízos aos interesses da classe trabalhadora.

§ 2º A revelação será feita dentro do estritamente necessário, quer em relação ao assunto revelado, quer ao grau e número de pessoas que dele devam tomar conhecimento.

Art. 5º É vedado ao Assistente Social:

a) Depor como testemunha sobre situação de que tenha conhecimento no exercício profissional;

b) Revelar sigilo profissional:

Parágrafo único. Intimado a prestar depoimento, deverá o Assistente Social comparecer perante a autoridade competente para declarar que está obrigado a guardar sigilo profissional, nos termos do Código Civil e deste Código.

Art. 9º O Assistente Social no exercício de sua profissão em entidade pública ou privada terá garantia de condições adequadas de trabalho, o respeito a sua autonomia profissional e dos princípios éticos estabelecidos.

O giro na concepção ético-política do Código de 1986 resultou em um marco histórico da maior relevância. Ao romper com o conservadorismo e explicitar o compromisso ideológico de classe demarcou uma conquista inegável; contudo, disposto numa leitura determinista, sobressaindo a defesa dos "valores da classe trabalhadora", como se os valores progressistas pudessem, naturalmente, ser tributados a uma classe.

O conteúdo do sigilo foi mais sintetizado em relação ao que previa o Código anterior. De forma taxativa, foi definido que "a quebra do sigilo só é admissível quando se tratar de situação cuja gravidade possa trazer prejuízos aos interesses da classe trabalhadora", concebendo, *a priori*, que somente uma classe detém direitos quanto ao sigilo, quando deveria abordar os valores emancipatórios e não tomar uma classe, em si, como detentora dos princípios éticos de uma profissão, o que é diferente de defender os direitos em geral de uma classe.

Poderia ser concebido tal regramento como inconstitucional, pois, em uma mesma situação, podem estar envolvidas pessoas de diferentes classes sociais e o profissional, conforme conduta prevista no

Código, em uma leitura *ipsis litteris*, ver-se-ia na condição de ter que tomar decisões e encaminhamentos diferentes, mesmo com pessoas em situação de violência, em disputas judiciais etc.

Manteve-se a confusa prescrição quanto à inviolabilidade do domicílio. O artigo 9º avançou com a previsão da "garantia de condições adequadas de trabalho", já que, ao tratarmos do sigilo, não há como o dissociar das condições objetivas-estruturais a que estamos sujeitados, pois não se garante, de forma unilateral, a privacidade dos atendimentos/o sigilo das informações se não houver condições físicas que os propiciem, estendendo-se assertivamente tal dever às instituições empregadoras.

As lacunas apontadas, entre outras, fragilizaram o Código como um instrumento normativo e requereram sua revisão em tempo muito breve, em 1993, pouco menos de sete anos posteriores à sua aprovação — o que não ofuscou a inovação da sua direção política, na perspectiva crítica, um ganho ideológico imensurável na trajetória histórica da profissão.

Código de Ética Profissional do Assistente Social de 1993

É o primeiro Código com a nova nomenclatura do Conjunto CFESS/Cress, homologado pela Resolução CFESS n. 273/93 e suas alterações subsequentes, passando a ter a denominação assertiva pela identificação da profissão Serviço Social e não mais da categoria Assistente Social — no mesmo ano foi revista a lei de regulamentação da profissão pela Lei n. 8.662/93 federal.

Configurou-se vultosa evolução em todos os aspectos do Código, como se confirma no recorte sobre o sigilo. A concepção de sociedade (e, por consequência, de profissão), marcadamente nos fundamentos ético-filosóficos, demonstra que a sua teorização, derivada da maturidade dos fundamentos da ética — conquistada mais tardiamente que as demais dimensões da profissão, alçou o mesmo patamar de excelência que já haviam conquistado.

A organização do Código foi concebida de forma orgânica, em um movimento de articulação dos seus conteúdos, convergindo para a perspectiva de totalidade do seu conjunto, destacando-se mais rigor jurídico-normativo. Na introdução são expostos o processo de construção e a explicitação da concepção filosófica fundamentados na ontologia do ser social da Teoria Social crítica.

Os onze princípios fundamentais abarcam os valores éticos que embasam a concepção do Código, complementam-se e articulam-se ao seu conteúdo geral, dando direção ético-política à conduta profissional; uma inovação, já que não havia um rol de valores que explicitamente fundamentasse os Códigos anteriores. Alguns princípios destacam-se em relação ao sigilo profissional:

> I — Reconhecimento da liberdade como valor ético central e das demandas políticas a ela inerentes — autonomia, emancipação e plena expansão dos indivíduos sociais;
>
> II — Defesa intransigente dos direitos humanos e recusa do arbítrio e do autoritarismo;
>
> IV — Defesa do aprofundamento da democracia, enquanto socialização da participação política e da riqueza socialmente produzida;
>
> X — Compromisso com a qualidade dos serviços prestados à população e com o aprimoramento intelectual, na perspectiva da competência profissional;
>
> IX — Articulação com os movimentos de outras categorias profissionais que partilhem dos princípios deste Código e com a luta geral dos/as trabalhadores/as.

Para compreender a importância da defesa do sigilo, não se pode deixar de levar em conta que o valor central dos princípios éticos, que é a liberdade (entendendo-a como possibilidade concreta de se fazer escolhas, com autonomia crítica, logo consciente), conduz-nos à defesa do valor dos direitos humanos e, por sua vez, da democratização das relações, o que só é possível com a qualificação permanente, em todas as dimensões da profissão, exigindo, ainda, a fim de buscar alternativas à superação das opressões, a articulação com outras categorias (na medida em que as condições não são afeitas, isoladamente, a uma só profissão).

As disposições gerais normatizam as competências das instâncias da profissão, as quais cabem zelar pelo cumprimento dos preceitos éticos estabelecidos no Código e demais normativas internas e as que são previstas em lei, para o exercício da profissão: os Conselhos Regionais de Serviço Social (Cress), como primeira instância, e o Conselho Federal de Serviço Social (CFESS), como segunda instância, na perspectiva de zelar pelas prerrogativas da profissão, o que se traduz na defesa da qualidade da prestação dos serviços à população usuária — nesse sentido, ultrapassam a visão restrita de defesa de interesses corporativos da categoria, papel de associações e sindicatos.

Os direitos dos(as) assistentes sociais são abordados em relação a aspectos em geral; nas relações com as instituições empregadoras; na relação com Assistentes Sociais e outros profissionais; com entidades da categoria e demais organizações da sociedade civil. Aos deveres e vedações acrescentam-se aspectos da relação com os/as usuários(as) e na relação com a justiça, de modo a atribuir responsabilidades e impedimentos à conduta profissional que possam apresentar prejuízos, com um capítulo específico sobre o sigilo.

As observâncias gerais tratam de deveres para com o Código e o Conselho, caracterizando as infrações disciplinares, no artigo 22, como: exercer a profissão quando houver impedimento; não cumprir determinações dos Cress; deixar de pagar as anuidades etc., sujeitando os profissionais a responder por processo disciplinar (normatizado pela Resolução CFESS n. 657/13 — Código Processual Disciplinar).

Tal procedimento difere da infração ética, que é o descumprimento das prescrições gerais do Código (com exceção do artigo 22), suscitando a instauração de processo disciplinar ético pelo Cress da jurisdição em que houver a suposta falta ética, objeto de denúncia (instruído via Código Processual de Ética, Resolução CFESS 660/13). As mesmas penalidades são aplicáveis aos dois procedimentos jurídicos.

Procuramos evidenciar, na lógica que a estrutura do Código se inscreve, como se agrega aos aspectos do sigilo profissional, quais sejam:

Art. 2º Constituem direitos do Assistente Social:

d) inviolabilidade do local de trabalho e respectivos arquivos e documentação, garantindo o sigilo profissional;

Das Relações com as Instituições Empregadoras e outras

Art. 7º Constituem direitos do/a assistente social:

a) dispor de condições de trabalho condignas, seja em entidade pública ou privada, de forma a garantir a qualidade do exercício profissional.

Art. 5º São deveres do/a assistente social nas suas relações com os/as usuários(as):

F — fornecer à população usuária, quando solicitado, informações concernentes ao trabalho desenvolvido pelo Serviço Social e as suas conclusões, resguardado o sigilo profissional.

Do Sigilo Profissional

Art. 15. Constitui direito do/a assistente social manter o sigilo profissional.

Art. 16. O sigilo protegerá o/a usuário/a em tudo aquilo de que o/a assistente social tome conhecimento, como decorrência do exercício da atividade profissional.

Parágrafo único. Em trabalho multidisciplinar só poderão ser prestadas informações dentro dos limites do estritamente necessário.

Art. 17. É vedado ao/à assistente social revelar sigilo profissional.

Art. 18. A quebra do sigilo só é admissível quando se tratar de situações cuja gravidade possa, envolvendo ou não fato delituoso, trazer prejuízo aos interesses do/a usuário/a, de terceiros/as e da coletividade.

Parágrafo único. A revelação será feita dentro do estritamente necessário, quer em relação ao assunto revelado, quer ao grau e número de pessoas que dele devam tomar conhecimento.

Das Relações do/a Assistente Social com a Justiça.

Art. 19. São deveres do/a assistente social:

a) apresentar à justiça, quando convocado na qualidade de perito ou testemunha, as conclusões do seu laudo ou depoimento, sem extrapolar o âmbito da competência profissional e violar os princípios éticos contidos neste Código;

b) comparecer perante a autoridade competente, quando intimado/a a prestar depoimento, para declarar que está obrigado/a a guardar sigilo profissional nos termos deste Código e da Legislação em vigor.

Art. 20. É vedado ao/à assistente social:

A — depor como testemunha sobre situação sigilosa do/a usuário/a de que tenha conhecimento no exercício profissional, mesmo quando autorizado.

Os direitos da categoria sobre o sigilo, assim como os demais direitos, abarcam as diversas possibilidades das prerrogativas profissionais, na perspectiva da defesa da profissão e não de forma individualizada.

Uma das questões mais polêmicas do Código de Ética anterior, de 1986, a sua vinculação automática aos "valores da classe trabalhadora", foi objeto de revisão, passando a haver previsão da revelação do sigilo quando "se tratar de situações cuja gravidade possa, envolvendo ou não fato delituoso, trazer prejuízo aos interesses do/a usuário/a, de terceiros/as e da coletividade"; muito diferentemente de sentenciar que os membros de uma única classe social podem acessar um direito que é universal.

Quanto a tal possibilidade, há previsão, ainda, que na atuação "em trabalho multidisciplinar, só poderão ser prestadas informações dentro dos limites do estritamente necessário", questão muito presente na realidade cotidiana dos profissionais. Foi dispensado detalhamento ao sigilo em situações que envolvem a relação com a justiça, justificado, possivelmente, pela emergência de novas demandas à profissão, muitas delas advindas do Sistema de Justiça — o que será objeto de abordagem adiante.

Observa-se assertividade na dimensão da atuação profissional. Nos dois Códigos anteriores, por exemplo, a esfera privada era contemplada por meio do direito à inviolabilidade do domicílio, inexistindo no atual Código, na medida em que, havendo legislações que abrangem tal direito, não há necessidade, tampouco competência, de um Conselho de Classe regulamentar aspectos da vida particular dos seus profissionais.

O respaldo quanto às condições de trabalho foi ampliado para "garantir a qualidade do exercício profissional", o que deve ser a primazia de um cabedal ético-normativo de uma profissão, na sua totalidade, que tem a marca da perspectiva crítica nos seus fundamentos. Ao dispor como direito do usuário receber um serviço de forma adequada, descaracteriza como defesa do profissional em si, o que poderia denotar corporativismo.

Outro importante destaque no novo Código quanto ao sigilo refere-se ao dever em "fornecer à população usuária, quando solicitado, informações concernentes ao trabalho desenvolvido pelo Serviço Social e as suas conclusões, resguardado o sigilo profissional", confirmando mais precisão, ao instrumentalizar a conduta na relação com os usuários, nesse aspecto, e numa perspectiva democratizante.

Observa-se que, embora conste explicitamente menção à proteção dos usuários sobre o sigilo apenas no art. 16: "o sigilo protegerá o/a usuário/a em tudo aquilo de que o/a assistente social tome conhecimento, como decorrência do exercício da atividade profissional", compreende-se, pelos diversos artigos que versam sobre o dever e as vedações à conduta profissional, na relação com os usuários e, sobretudo, pela concepção de profissão e de sociedade que fundamenta os princípios do Código, que o sigilo é um direito dos profissionais, mas, acima de tudo, um direito inalienável dos usuários em tê-lo garantido.

Os profissionais devem dispor de condições de trabalho adequadas à preservação do sigilo; ter a garantia da inviolabilidade da documentação e, de forma geral, o direito a manter sigilo (no caso de ser tensionado por terceiros a fazer revelações); contudo, sem perder de vista que tais prerrogativas devem ser empregadas com a finalidade de atender a um direito que é do usuário. Não é sem razão que está posto legalmente como um direito constitucional, como inicialmente foi apontado — inclusive, vinculando-se aos direitos essenciais previstos nas declarações universais de direitos humanos.

Vale conferir a análise jurídica de Terra acerca de cada artigo em questão (além dos demais conteúdos do atual Código), autora que, em parceria com Barroco, produziu a importante obra *Código de Ética do/a Assistente Social Comentado* (2012).

3.2 Resoluções do Serviço Social sobre o sigilo

As normativas basilares ao trabalho de assistentes sociais constituem-se na Lei de Regulamentação da Profissão — Lei n. 8.662/93 (lei federal que normatiza, especialmente, as competências e atribuições privativas e as exigências à habilitação profissional) — e no Código de Ética, instituído por resolução do Conselho Federal; para a etapa da graduação, as Diretrizes Curriculares e normas aprovadas pelo Ministério da Educação (MEC).

Como a categoria, internamente, não dispõe do poder de legislar sobre o seu fazer técnico, há impedimento do CFESS de criar atribuições privativas — o que é da alçada das instâncias legislativas federais, sendo passível o detalhamento interno de conteúdos já previstos na lei e no Código por resoluções. As que detalham dispositivos da lei têm um respaldo normativo mais consolidado, já que o próprio Código é um comando da lei que prevê, dentre as competências do CFESS (art. 8°/"IV"): "aprovar o Código de Ética Profissional dos Assistentes Sociais juntamente com os CRESS, no fórum máximo de deliberação do conjunto CFESS/CRESS".

As resoluções a seguir relacionadas reafirmam e detalham o já previsto, destacando as que se referem ao Código, pelo objeto de estudo se correlacionar à discussão de um dos seus conteúdos, o sigilo profissional.

Resolução CFESS n. 493/2006: dispõe sobre as condições éticas e técnicas do exercício profissional do assistente social.

Tem como fundamento principal, de acordo com o que consta dos seus considerandos: "a necessidade do cumprimento rigoroso dos preceitos contidos no Código de Ética do Assistente Social, em especial nos artigos 2°, inciso 'd', 7° inciso 'a' e 15°" (citados no item anterior), com a finalidade de estabelecer critérios objetivos às condições físico-estruturais, de modo a atender ao prescrito no Código quanto à preservação do sigilo, estabelecendo que:

Art. 1º É condição essencial, portanto obrigatória, para a realização e execução de qualquer atendimento ao usuário do Serviço Social a existência de espaço físico, nas condições que esta Resolução estabelecer.

Art. 2º O local de atendimento destinado ao assistente social deve ser dotado de espaço suficiente, para abordagens individuais ou coletivas, conforme as características dos serviços prestados, e deve possuir e garantir as seguintes características físicas:

a) iluminação adequada ao trabalho diurno e noturno, conforme organização institucional;

b) recursos que garantam a privacidade do usuário naquilo que for revelado durante o processo de intervenção profissional;

c) ventilação adequada a atendimentos breves ou demorados e com portas fechadas;

d) espaço adequado para colocação de arquivos para a adequada guarda do material técnico de caráter reservado.

Art. 3º O atendimento efetuado pelo assistente social deve ser feito com portas fechadas, de forma a garantir o sigilo.

Art. 4º O material técnico utilizado e produzido no atendimento é de caráter reservado, sendo seu uso e acesso restrito aos assistentes sociais.

Art. 5º O arquivo do material técnico, utilizado pelo assistente social, poderá estar em outro espaço físico, desde que respeitadas as condições estabelecidas pelo artigo 4º da presente Resolução.

De acordo com a resolução, as condições a serem cumpridas pelas instituições empregadoras são: recursos que garantam a privacidade durante o processo de intervenção, a portas fechadas (entendemos que só é possível com espaços vedados e sem a presença de terceiros), além da guarda sigilosa de materiais.

Ao incluir os requisitos da iluminação e ventilação, tem o sentido de não só garantir a vedação, mas preservar condições do ambiente de trabalho nos seus aspectos mais abrangentes. Ao se alocar o profissional num espaço com acústica condizente ao sigilo, mas num ambiente exíguo, sem ventilação, não atenderá às exigências mínimas de condições de trabalho.

Por não terem relação direta com o sigilo, tais aspectos se situam no campo da saúde do trabalhador, podendo incidir na insalubridade das condições de trabalho. Vinculam-se à atuação de entidades trabalhistas, cabendo aos Conselhos ações de caráter recomendatório. Quando não se obtém resultado pela via política, pode-se submeter as situações às providências dos órgãos competentes, como o Ministério Público do Trabalho.

Como o sigilo se constitui, acima de tudo, no direito do usuário em tê-lo garantido, sendo, portanto, dever da instituição e dos profissionais em encaminhar providências ao seu cumprimento, a resolução contemplou a exigência ética em detalhes:

> Art. 7º O assistente social deve informar por escrito à entidade, instituição ou órgão que trabalha ou presta serviços, sob qualquer modalidade, acerca das inadequações constatadas por este, quanto às condições éticas, físicas e técnicas do exercício profissional, sugerindo alternativas para melhoria dos serviços prestados.
>
> Parágrafo primeiro — Esgotados os recursos especificados no "caput" do presente artigo e deixando a entidade, instituição ou órgão de tomar qualquer providência ou as medidas necessárias para sanar as inadequações, o assistente social deverá informar ao CRESS do âmbito de sua jurisdição, por escrito, para intervir na situação.
>
> Parágrafo segundo — Caso o assistente social não cumpra as exigências previstas pelo "caput" e/ou pelo parágrafo primeiro do presente artigo, se omitindo ou sendo conivente com as inadequações existentes no âmbito da pessoa jurídica, será notificado a tomar as medidas cabíveis, sob pena de apuração de sua responsabilidade ética.

Não se imputa aos profissionais a resolutividade das condições de trabalho. Compreende-se que vivenciam relações contratuais, cabendo ao empregador a responsabilidade legal quanto às questões que envolvem as condições estruturais das instituições prestadoras de serviço.

A categoria tem o dever de se posicionar: comunicando o empregador sobre a norma, com indicação do que se encontra em desacordo e as alternativas imediatas de solução (por exemplo, o atendimento em espaço que garanta o sigilo, de forma provisória, mesmo com o revezamento do uso com outras áreas), até ser possível adequar os ambientes específicos da profissão de forma compatível — além do que, o empregador pode alegar não ter o dever de conhecer as normativas técnicas e éticas de todos os seus contratados.

Citamos alguns deveres da profissão do artigo 8º do Código de Ética, compreendendo que as exigências se estendem à questão do sigilo:

> b) denunciar falhas nos regulamentos, normas e programas da instituição em que trabalha, quando os mesmos estiverem ferindo os princípios e diretrizes deste Código, mobilizando, inclusive, o Conselho Regional, caso se faça necessário.
> c) contribuir para a alteração da correlação de forças institucionais, apoiando as legítimas demandas de interesse da população usuária.

As/os assistentes sociais servidoras/es e de entidades conveniadas do estado do Rio de Janeiro dispõem da normativa "suplementar" à resolução 493/06, a Lei n. 5.261/08, que detalha as condições de trabalho, prescrevendo a "existência de local reservado para a atuação dos profissionais de Serviço Social no âmbito da Administração Estadual direta, indireta e fundacional, com vistas a preservação do Sigilo e da qualidade do atendimento", prevendo que:

> Art. 1º No atendimento dos usuários do serviço público estadual, no âmbito da administração direta, indireta e fundacional, por parte de profissional de serviço social, é obrigatória a existência de local que assegure a privacidade e a dignidade do atendimento, além do sigilo das informações prestadas.
> Art. 2º Além do disposto no artigo anterior, o ambiente físico do local de atendimento por profissional de serviço social deverá ser estruturado atendendo aos seguintes parâmetros:
> I — ser visual e acusticamente indevassável;
> II — evitar qualquer interferência ou interrupção no transcurso do atendimento;
> III — possuir adequadas condições de higienização, ventilação e iluminação;

V — ser dotado de mobiliário adequado e compatível com o atendimento;

V — possuir arquivo passível de ser trancado à chave, que sirva para a guarda do material técnico e documentação sigilosa de exercício da profissão de assistente social.

A responsabilidade pelas condições de trabalho também está posta na Resolução CFESS n. 533/08, que normatiza os requisitos ao desempenho da supervisão direta de estágio: de campo e acadêmica — cujo objeto não comporta no atual estudo, por isso o seu tratamento de forma breve —, ao estabelecer que cabe à instituição de campo garantir as condições adequadas à realização do estágio, dentre elas o que prevê a Resolução CFESS n. 493/06.

Resolução CFESS n. 556/2009: procedimentos para efeito da lacração do material técnico e material técnico-sigiloso do Serviço Social.

É uma norma fundamental ao resguardo do direito dos usuários ao sigilo das informações, especialmente quanto aos dados pessoais coletados e os relatórios, estudos e pareceres elaborados pelo Serviço Social. Objetiva a efetivação do lacre dos materiais de caráter técnico e sigiloso quando houver a interrupção da atuação de assistentes sociais nas instituições.

A normativa estabelece a responsabilidade do profissional no repasse da documentação ao seu substituto e nos encaminhamentos do procedimento do lacre e deslacre, da seguinte maneira:

> Art. 4º — Parágrafo Único — Em caso de demissão ou exoneração, o assistente social deverá repassar todo o material técnico, sigiloso ou não, ao assistente social que vier a substituí-lo.
> Art. 5º Na impossibilidade de fazê-lo, o material deverá ser lacrado na presença de um representante ou fiscal do CRESS, para somente vir a ser utilizado pelo assistente social substituto, quando será rompido o lacre, também na presença de um representante do CRESS.
> Parágrafo único — No caso da impossibilidade do comparecimento de um fiscal ou representante do CRESS, o material será deslacrado pelo assistente social que vier a assumir o setor de Serviço Social, que remeterá,

logo em seguida, relatório circunstanciado do ato do rompimento do lacre, declarando que passará a se responsabilizar pela guarda e sigilo do material.

O lacre deve ser efetivado na hipótese de inexistir outro profissional de Serviço Social na instituição para se responsabilizar pelos materiais, até a contratação de substituto. É prevista a incineração do material na extinção do serviço/setor ou no fechamento da instituição. Entendemos que tal medida extrema deve ser empregada em situações realmente necessárias, após esgotadas as possibilidades de armazenamento ou de repasse da documentação, especialmente sobre os atendimentos prestados.

Dentre as alternativas, sugerimos a remessa dos materiais à filial/matriz, à instituição parceira ou que preste atendimento similar no território, contendo assistente social nos quadros. Envidar esforços nesse sentido garante que os usuários não sofram prejuízos na perda do histórico das informações nem na continuidade na prestação dos serviços. Qualifica os materiais sigilosos como:

> Art. 2º Entende-se por material técnico sigiloso toda documentação produzida, que pela natureza de seu conteúdo, deva ser de conhecimento restrito e, portanto, requeiram medidas especiais de salvaguarda para sua custódia e divulgação.
> Parágrafo único — O material técnico sigiloso caracteriza-se por conter informações sigilosas, cuja divulgação comprometa a imagem, a dignidade, a segurança, a proteção de interesses econômicos, sociais, de saúde, de trabalho, de intimidade e outros, das pessoas envolvidas, cujas informações respectivas estejam contidas em relatórios de atendimentos, entrevistas, estudos sociais e pareceres que possam, também, colocar os usuários em situação de risco ou provocar outros danos.

Outro importante conteúdo da norma, no art. 3º, trata dos procedimentos a serem mantidos na rotina de trabalho quanto à organização da documentação produzida de cunho sigiloso: "O assistente social garantirá o caráter confidencial das informações que vier a receber em razão de seu trabalho, indicando nos documentos sigilosos respectivos a menção: 'sigiloso'".

Ao se tratar de resoluções internas relacionadas ao sigilo profissional, abordamos, por fim, de forma sucinta (por ter sido suspensa judicialmente[4]), a resolução CFESS n. 559/09, que "dispõe sobre a atuação do assistente social, inclusive na qualidade de perito judicial ou assistente técnico, quando convocado a prestar depoimento como testemunha pela autoridade competente".

O magistrado que motivou a ação arguiu, ao prestar depoimento no processo, que seria incalculável o prejuízo na sua aplicação, por se constituir em prática da categoria repassar ao Judiciário informações sobre as condições das crianças abrigadas. A decisão pela suspensão foi justificada na suposta caracterização de inadequação da norma, indicando que o CFESS teria legislado em matéria processual, o que seria privativo de competência da União:

> Analisando-se a resolução ora questionada, verifica-se que, ao vedar que o assistente social preste informações obtidas no exercício da profissão, quando ouvido como testemunha, perito ou assistente técnico, desbordou em muito do seu caráter meramente regulamentar, criando vedação não estabelecida na lei processual civil ou penal.

A resolução suspensa apenas dava um tratamento mais detalhado ao que está afiançado no Código, nos artigos 19 e 20, ao tratar das relações do/a assistente social com a justiça. Não tendo sido objeto de questionamento judicial, em particular, mantêm-se em vigência tais artigos, e as exceções à quebra do sigilo já estão previstas no próprio Código e em legislações gerais.

---

4. Suspensão em razão de uma ação judicial impetrada, em 2012, pelo estado do Rio Grande do Sul — Ação Civil Pública 5025867-78.2012.404.7100/RS, na Justiça Federal, de iniciativa de um juiz da Infância e Juventude, que solicitou à presidência do TJRS a autorização da Procuradoria-Geral do Estado a ingressar com a ação — ainda em tramitação.

Conforme argumentação de Terra — manifestação jurídica n. 031/2014 (p. 2):

> Entendo que tal decisão é incabível e absolutamente infundada, pois desconsidera o sigilo profissional do assistente social, previsto pelo Código de Ética profissional, bem como todos os diplomas legais que asseguram o sigilo ou segredo das informações, obtidas em decorrência do exercício profissional.

3.3 Pareceres jurídicos sobre o sigilo

Além das resoluções, identificamos decisões do CFESS com base em entendimentos jurídicos ou técnicos sobre temáticas relacionadas ao sigilo. Uma delas trata do "uso de câmeras de filmagem, instaladas em salas de atendimento do Serviço Social", consubstanciado no Parecer Jurídico n. 06/13, de lavra de Terra, com aprovação do Conselho Pleno do CFESS.

A consulta foi suscitada por profissionais que estavam vivenciando dificuldades nos serviços, com a instalação de câmeras nas salas de atendimento, preocupados com a violação da privacidade, em especial em determinados Centros de Referência Especializados de Assistência Social (Creas). Em síntese, foi prolatado no parecer que:

> [...] a instalação de câmeras de vídeo e microfones, em salas de atendimento profissional, viola o sigilo profissional, o direito à intimidade e a privacidade do usuário dos serviços, interfere na atividade do assistente social e na sua autonomia profissional, configurando, a meu ver, conduta reprovável e irregular, podendo ensejar a responsabilização civil, por violação ao patrimônio moral coletivo dos usuários dos serviços e dos trabalhadores assistentes sociais. Constitui, a meu ver, procedimento inadmissível, eis que, também, viola a liberdade e autonomia de o usuário revelar informações e segredos ao assistente social. Cria constrangimentos a este, mesmo que seja informado de tal

prática, e compromete a essência do atendimento. Constituindo-se um direito de personalidade, a privacidade e a intimidade são irrenunciáveis, não se admitindo, consequentemente, a divulgação de fatos colhidos no exercício profissional, mesmo que o usuário manifeste o seu consentimento (p. 6-7).

Após incidência política do CFESS no então Ministério do Desenvolvimento Social (MDS), esse órgão justificou que, em respeito ao princípio da cooperação federativa e da responsabilidade e autonomia dos níveis de gestão, não poderia expedir normativa federal para determinar a atuação dos órgãos municipais nesse aspecto, mas se comprometeu a encaminhar orientações às gestões dos municípios por concordar com os argumentos manifestados pelo CFESS.

Outra definição importante sobre a matéria do sigilo, no âmbito do CFESS, diz respeito à presença de terceiros na sala de atendimento, mais comumente o defensor/advogado ou curador, especialmente nos espaços de atuação de peritos durante as abordagens para fins de estudo e emissão de pareceres que subsidiam decisões na previdência social ou na justiça recursal sobre concessão de benefícios ou aposentadoria.

Há, nesse caso, um conflito de posição de profissionais de duas categorias e, segundo consta do parecer jurídico de Terra n. 21/16, que é uma atualização do seu parecer n. 92/94, a matéria é recorrentemente demandada ao CFESS por profissionais do direito, sob a alegação de violação de suas prerrogativas profissionais quando assistentes sociais os impedem de acompanhar os atendimentos prestados aos seus clientes. Terra entende ser equivocado tal fundamento, considerando que "as prerrogativas do/a advogado/a não podem se sobrepor a de outros profissionais, que têm sua atividade profissional regulamentada também por lei", e complementa:

> Dentre as prerrogativas fundamentais, asseguradas a TODAS as profissões regulamentadas, comparecem o "sigilo" e a "autonomia/independência" profissional que concorrem, ambos, para que o exercício profissional seja executado sem qualquer interferência e de maneira independente (p. 2).

Em 2011, o CFESS emitiu manifestação técnica sustentando que cabe ao profissional definir pela aceitação da presença de terceiros nos atendimentos, quaisquer que sejam: familiares, advogados etc., mesmo com o consentimento dos usuários. Partindo de tal fundamento, configura-se como prerrogativa do/a assistente social a definição de tal conduta, ao dispor de autonomia para decidir pela necessidade da presença de terceiros no acompanhamento ou participação no atendimento, bem como em qual momento deve ocorrer.

Dos conteúdos expostos no presente capítulo, é possível observar, a partir dos levantamentos das normativas das diversas profissões sobre o sigilo, distinção com a regulamentação construída pelo Serviço Social, por ter avançado, em especial, na dimensão da democratização das relações com os usuários, o que se justifica pelos fundamentos ético-políticos que ancoram as construções normativas e entendimentos sobre o sigilo e outras temáticas, a respeito das políticas sociais e dos direitos humanos que a categoria conquistou.

E não poderia ser diferente, na medida em que estamos falando da única categoria que tem como um dos princípios que fundamentam o seu projeto de profissão e de sociedade a defesa da opção pela "construção de uma nova ordem societária, sem dominação, exploração de classe, etnia e gênero", direção social que repercute criticamente nos posicionamentos ético-políticos e de suas entidades representativas.

O que essencialmente importa: a escolha de um projeto crítico define a radicalidade da concepção dos seus valores, possibilitando que se imprima intencionalidade emancipatória nas ações políticas mais amplas, que visem contribuir com as lutas gerais da sociedade nas pautas dos direitos humanos, conjugando com ações cotidianas do trabalho profissional, repercutindo no avanço de direitos da classe trabalhadora.

Segundo Drummond, que nos inspira à ação fraterna e coletiva, imperativo no processo de construção de novas ideias e realidades, conclamamos: "O presente é tão grande, não nos afastemos. Não nos afastemos muito, vamos de mãos dadas".

CAPÍTULO II

Desafios no trabalho profissional do/a assistente social relacionados ao sigilo na atualidade

> *São tantas coisinhas miúdas*
> *Roendo, comendo*
> *Arrasando aos poucos*
> *Com o nosso ideal.*
>
> Gonzaguinha

É de entendimento pacífico, no meio crítico da sociedade, que a maior parte dos investimentos dos recursos públicos, destinada ao setor financeiro, via pagamento de juros da dívida pública, deveria ser priorizada na aplicação em projetos progressistas de desenvolvimento do País e em políticas sociais.

Ou melhor, tivéssemos consagrado a mentalidade de um modelo menos injusto de sociedade, e nem se chega a falar aqui da dimensão que o Serviço Social defende, a radicalidade de uma sociedade emancipada política e economicamente. Mas ao menos se o país tivesse sido constituído com base em ideias progressistas, teríamos como pilar econômico-social políticas de redistribuição de renda, provenientes, entre outros, da taxação progressiva de impostos, especialmente sobre a herança, o patrimônio e a renda dos mais ricos, com ênfase nos rendimentos do setor financeiro parasitário.

Estudos recentes atestam a ampliação da concentração econômica no país. Os 10% mais ricos detêm mais da metade da renda, colocando o Brasil no ranking dos países mais desiguais, semelhantemente a nações da África do Sul e do Oriente Médio (Piketty, 2017) em termos de desigualdade social.

Tal condição foi imposta por diversos fatores, como rebaixamento salarial e de direitos, aumento do desemprego e do subemprego, enquanto para a parcela que ocupa o topo da pirâmide social são aplicadas diversas políticas de desoneração tributária, perdão de dívidas fiscais bilionárias, privatizações a custos irrisórios, além da evasão fiscal, recurso tão usualmente incorporado pelos que historicamente ocupam o "andar de cima".

Essas práticas, adotadas por governos de todas as tonalidades ideológicas, acentuadas por governos de direita, obstaculizam a mínima redistribuição de renda, que se poderia dar por meio de políticas sociais públicas universais, laicas e de qualidade, especialmente a saúde, a habitação, a geração de emprego e renda, a educação em todos os níveis, a agricultura familiar, o investimento no esporte de base e na cultura popular e periférica (fincada nos espaços territoriais periféricos das cidades), entre outros.

Ao contrário, convivemos com uma elite extremamente egocêntrica economicamente e usurpadora dos direitos mais básicos de cidadania, forjando uma cultura fundada em valores excludentes, e, ao enraizar um modo de ser na mentalidade da classe-que-vive-do-trabalho (Antunes, 1995), incutiu e difundiu um *ethos* conservador, impedindo o avanço de políticas progressistas.

Se, por um lado, há a descomunal concentração dos poderes econômico e midiático, com farta representação parlamentar, de outro se encontra a esmagadora maioria desprovida do poder de decisão, com uma parte ainda almejando ascender ao *status* de elite. Por isso, encontra-se estagnada politicamente, sem fazer valer o único poder real que dispõe e poderia conduzir a sociedade a outro patamar de civilidade: o engajamento político, na articulação das forças progressistas pela disputa de espaços de decisão, entendendo poder não só o ato de assumir cargos públicos, mas, principalmente, de manifestação e tensionamento para reverter o peso do recorte de classe decisório na aprovação e consolidação de projetos de interesse coletivo.

Não têm sido consolidadas ações de Estado de abrangência universal pelo desinteresse (leia-se ganância) da classe dominante em conceder uma mísera parcela do seu usufruto. A parcela da população que não dispõe dos meios de produção, mas ocupa cargos de gestão/ gerenciamento, na sua maioria, não se vê como explorada e se atrela ética e politicamente aos interesses da elite econômica, enquanto a população mais subalternizada é suscetível à manipulação massiva pela religião, pelo Estado e pela mídia.

Restam políticas de governo, a bel-prazer dos seus mandatários, com níveis de (parcos) avanços e fortes recuos constantes; descontinuidades que impedem a estruturação de projetos sociais mais progressistas — sem desconsiderar a minoria ativista que faz do engajamento político o seu horizonte de vida. Não houvesse o tensionamento desse grupo, nas condições possíveis a cada conjuntura, seriam imensuráveis os retrocessos sociais.

Tal conjuntura atual é marcada pelo brutal desmonte, porque não dizer destruição, dos escassos avanços nas políticas sociais arduamente conquistados com tanta morosidade histórica, após vislumbrar outro patamar de efetivação dos direitos, com o paradigma civilizatório que a Constituição de 1988 tinha potencial para inaugurar. Os incalculáveis retrocessos, originários do Golpe de 2016[1], conforme discorremos na

---

1. Depois de praticamente ter inaugurado o entendimento jurídico da "Teoria do domínio de fato" no julgamento do Mensalão na Suprema Corte do país, o que embasou a decisão condenatória de proeminentes atores políticos (tese do ex-ministro Joaquim Barbosa), avançamos

introdução, têm se expressado negativamente em todas as dimensões da vida social da classe trabalhadora e, de modo mais perverso ainda, no ideário dos que defendem uma sociedade mais humana e coletivizada no acesso aos direitos.

Determinações estruturais e conjunturais, muito mais políticas do que econômicas, por decisões calcadas em opções ideológicas, desdobraram-se no processo do Golpe. O anseio subalterno da vassalagem tupiniquim elitizada em atender aos ditames das agências financeiras internacionais tem inviabilizado o país como nação minimamente civilizada.

Renomadas agências internacionais já consideraram que o receituário de austeridade fiscal proveniente do Consenso de Washington não é viável para a manutenção dos países em padrões mínimos, mas os nossos governantes insistem em ser mais realistas que o rei, aplicando um nível de arrocho fiscal que supera os ditames de agências financeiras neoliberais.

O engajamento da classe média no projeto do Golpe não esteve atrelado à luta por direitos, e sim por privilégios, sem nenhum pudor se à custa da retirada das migalhas da população mais empobrecida. Em um breve e custoso delírio, acreditaram que, assim, ao espoliar ainda mais a classe historicamente extorquida de qualquer acesso, se aproximariam da elite. Só não imaginavam que o resultado do Golpe culminaria no seu encontro com o "andar de baixo", pela implacável implementação de políticas regressivas de direitos, a mando das aristocracias nacional e internacional, atingindo também o seu custo de vida, como bem explicitado nas análises que parodiaram o *slogan* de dois anos do governo golpista de Temer: o Brasil não avançou vinte anos em dois, mas regrediu vinte anos em dois.

---

para a "Teoria do domínio da mídia" (termo cunhado pelo jornalista Rogério Mattos), que sustentou o Golpe de 2016, concretizado em ações de membros do Ministério Público, mediante posturas acusatórias com base em convicções em vez de provas (diga-se, convicção ideológica e não jurídica), segundo dados coletados em matérias tendenciosas e até em boatos.

Estamos falando dos cidadãos revoltados com a corrupção, para eles, de um partido só, fantasiados de patos da Federação das Indústrias do Estado de São Paulo (Fiesp), os manifestoches, como brilhantemente denominados no histórico desfile da escola de samba Paraíso do Tuiuti, da primeira divisão do carnaval do Rio de Janeiro, em 2018, com o samba enredo "Meu Deus, Meu Deus, está extinta a escravidão?"[2], com o impactante refrão:

> Se eu chorar, não leve a mal
> Pela luz do candeeiro
> Liberte o cativeiro social

A crise que eclodiu é também de valores, de projeto civilizatório. Ao se adotar o discurso do "custo Brasil", explicita-se uma postura conservadora de aversão em assegurar, para fins de exemplificação, os recentes direitos de empregadas domésticas, programas sociais, como o Bolsa Família, as vagas de estudantes que acessam o ensino por financiamento público, políticas de cotas em universidades, especialmente de corte étnico-racial, intentando traçar uma linha divisória de quem tem direito a acessar direitos.

Ao se somar a intolerância política sobre a diversidade de comportamento (orientação sexual e identidade de gênero), temos assistido à exaltação da intolerância religiosa, até por representantes religiosos (mais conservadores), caindo por terra a possibilidade de vangloriar o povo brasileiro como uma nação cordial. Esse caldo cultural reacionário, engrossado com traços protofascistas, tem legitimado o aumento do assassinato de lideranças de sem-terras, indígenas, defensores de direitos humanos, a invasão a sedes de sindicatos, partidos políticos, movimentos e institutos de pesquisa progressistas[3].

---

2. Composição de Cláudio Russo, Anibal, Jurandir, Moacyr Luz e Zezé.
3. A Rede Social de Justiça e Direitos Humanos lançou o livro *Direitos Humanos no Brasil 2017*, com artigos sobre direitos civis, políticos, econômicos, sociais, culturais e ambientais retratando os retrocessos pós-Golpe.

Ao empunhar o discurso da urgência na coibição da violência urbana (cujos dados são inflados pela mídia sensacionalista que visa lucrar com a espetacularização grotesca da vida dos pobres, expondo-os e revitimizando-os), parte da sociedade, que se sente acuada, compra como verdadeira a versão superficial dos meios de comunicação e dos políticos da bancada da bala e clama pela ampliação das forças de segurança na vida pública.

Esse aclamado discurso da supervalorização da segurança pública faz a leitura ao *bel-prazer* dos índices de violência, desprezando o universo da maior porcentagem de vítimas fatais do tráfico, das milícias e, especialmente, da polícia/exército: o altíssimo índice de jovens pobres das periferias, na grande parte negros, cuja população vive em um estado permanente de exceção. A título de ilustração, lembramos os lamentos agonizantes de meninos negros de favelas, assassinados por agentes fardados do Estado, tornando-se bandeiras de luta pelo forte apelo político e moral: "Por que o senhor atirou em mim?"; "Ele não viu que eu estava com roupa de escola, mãe?".

A priorização do investimento público em segurança (acrescida das verbas destinadas à marquetagem das ações governamentais retrógradas) suplanta o escasso investimento em políticas sociais, que ainda sofrem com a implementação de modelos de privatização, a exemplo da política de atenção à saúde mental, com altos investimentos nas comunidades terapêuticas (em parte, em instituições de cunho religioso e em contraposição aos baixos investimentos efetivados na Rede de Atenção Psicossocial em Saúde Mental [RAPS]); nos demais serviços de saúde, em todos os níveis; no gerenciamento dos equipamentos da política da assistência social; no sistema prisional etc., via instituições no modelo jurídico Organizações Sociais (OSs) e seus congêneres.

A "onguização" do Estado denota que estamos rumando ao modelo americano de privatização dos serviços sociais, incluindo aqueles mais básicos, opção que ofusca a transparência do uso dos recursos públicos (escamoteando o controle social, pilar inovador na nossa Constituição), o que afeta a qualidade da prestação dos serviços, pois passam a ser regidos, na sua maioria, pela cultura filantrópica, contando com serviços voluntários (inclusive pelo Serviço Social), o que não confere continuidade nem integralidade entre as áreas de atuação e profissionalização das ações.

A malversação dos recursos públicos, na terceirização das políticas sociais, custeando intermediadores no usufruto de toda uma estrutura montada, com garantia de lucros, é em si algo a ser combatido por quem defende os serviços públicos com qualidade. Ainda, há a usual prática de contratos originados de licitações arranjadas (via processos fraudados, vencedores previamente acertados e sob a condição de prestação de serviços superfaturados).

É curioso que essa questão não gera protestos da sociedade organizada em revoltas *on-line* e em frente à Fiesp, na mesma medida que as notícias sobre denúncias de corrupção de partidos de esquerda tanto incomodam, como se a corrupção no país não fosse historicamente endêmica e generalizada — não estamos justificando ou amenizando qualquer tipo de prática irregular, especialmente no setor público.

A política da assistência social, emblemática na análise dos discursos de ódio de cidadãos autorreferenciados como patriotas, cidadãos de bem, deposita nos seus beneficiários o "mal" do país (na verdade, uma forma de "responsabilizar" essa parcela da população pela eleição e reeleição de candidatos de conotação democrático-popular), numa sanha discriminatória nunca dantes vista, inclusive por figuras públicas, que passaram a se sentir à vontade para proferir falas preconceituosas.

Foi uma das áreas mais afetadas pelo governo Temer, pelo significado simbólico de desconstrução de atenção ao combate à pobreza, a marca dos governos anteriores, obtendo premiações internacionais. Há programas que sofreram cortes orçamentários da ordem de 98%, além da regressão de direitos nas políticas sociais as mais diversas, como educação, ciência e tecnologia, saúde, direitos previdenciários etc.[4].

---

4. O Observatório do Golpe, entre diversos canais, monitorou os direitos perdidos a cada dia pós-Golpe.

Tal situação era inimaginável há alguns anos, já que, anteriormente ao Golpe, tínhamos críticas importantes, no campo da esquerda, à gestão de algumas políticas: a democratização precarizada da educação superior (via transferência do fundo público a instituições de ensino privadas, em um processo contraditório de ampliação do acesso ao ensino, mas de pouca qualidade), além do já citado financiamento das comunidades terapêuticas, entre outros exemplos, os quais geraram duras reações de setores da esquerda.

A focalização da assistência social, opção dos governos democrático-populares, teve como estratégia priorizar o combate à indigência e à fome, uma vez que, para acessar as demais políticas e ter condições de organizar a vida, as pessoas dependem de condições básicas para se manterem de pé. Ocorre que, paralelamente, poderiam ser empenhados esforços para implementar políticas que se interseccionassem, relacionadas a projetos de cunho estruturante. A opção pela primazia no investimento da política da assistência social, em detrimento de outras políticas, pode se justificar, até certo ponto, por sua tardia organização em um sistema único universal (Sistema Único da Assistência Social [SUAS]), mediante a condução da sua gestão nos moldes do que foi conquistado há décadas na política da saúde.

Contudo, pecou-se pela supervalorização na monetarização da política, gerando a individualização do atendimento às necessidades básicas, com prejuízo de iniciativas politizantes, e, ao mesmo tempo, arrefecendo as mobilizações permanentes de base, especialmente das periferias — tal modelo, por outro lado, derivou na movimentação de economias locais, gerando empregos e microempreendimentos. Condição política na organização de base que tem se expressado com outros contornos em países vizinhos, a exemplo da Venezuela. Quando os conflitos se instalam, os trabalhadores se mobilizam, sustentando propostas populares e impedindo a concretização de golpes.

Por coerência aos princípios do projeto de profissão e sociedade a que nos vinculamos, apostamos na viabilidade de retomada do espírito político crítico na sociedade, como na experiência das manifestações de março de 2013, iniciadas em São Paulo, pelo Movimento Passe Livre (MPL), contrário ao aumento do preço das passagens do transporte coletivo na cidade.

Mesmo após a captura da sua atmosfera de contestação pelo pensamento reacionário, há que se enaltecer o momento inicial autenticamente crítico, deixando a marca da possibilidade de mobilizações populares de massa, o que gerou profícuos frutos no campo da educação e da cultura, reacendendo posturas contestatórias e criando uma efervescência de movimentação em espaços culturais e políticos adormecidos.

Ganhou destaque a mobilização de mulheres, em 2015, grande parte jovens, a chamada Primavera Feminista, em confronto com pautas conservadoras do Congresso, no campo dos direitos reprodutivos, conjugando com a agenda política mais abrangente, gerando repercussão nas ocupações de estudantes secundaristas, em 2016, momento em que as adolescentes conquistaram projeção.

Essas experiências mostraram ser imprescindível a direção política na condução de frentes de luta. Estratégias espontâneas empregadas em mobilizações, por mais legítima a intencionalidade, em algum momento se descontinuam pela limitação da pauta. O MPL iniciou e encerrou na reivindicação do mote do passe livre as suas ações e, ao ter outras questões inseridas, pela esquerda e pela direita, não houve coesão nem articulação das lutas, resultando no sequestro da pauta pela ânsia de contestação da sociedade — manipulada, em grande parte, por estratagemas midiáticos.

O arrefecimento da mobilização popular está ligado a vários tentáculos e relaciona-se ao colossal aprofundamento da precarização das condições de trabalho, originário da implementação do ideário neoliberal, via projeto de redução da presença do Estado nas políticas públicas e, ao mesmo tempo, a abertura a produtos/serviços externos (ampliando a globalização da economia, causa da falência de parte do parque industrial da nação), com a predominância do capital fictício e volátil, via financeirização da economia.

Na reestruturação produtiva neoliberal, a palavra de ordem passou a ser flexibilização: da produção de mercadorias (produção *just in time*, no modelo japonês toyotista); bens de consumo montados em um país por peças construídas em economias periféricas (a exemplo das fábricas de automóveis); automação em massa; reorganização das relações de trabalho mediante a instituição do trabalho polivalente e sob a pressão do cumprimento de metas e outros tensionamentos, segundo estudos de Antunes (1995).

Presenciamos a emergência de condições regressivas impostas às dimensões do mundo do trabalho, com o aumento do desemprego, do emprego autônomo precarizado, da terceirização e da quarteirização etc. O rebaixamento brutal do nível de vida irrompeu a individualização por questões objetivas (reformatação das dinâmicas de trabalho) e subjetivas (medo do desemprego e de perseguições, enfraquecendo a organização interna de base).

A articulação político-partidária, sindical e popular não passou incólume a essas determinações. Quando o fantasma do desemprego está sempre à espreita, relacionado ao alto custo de vida, com exigências de qualificação distantes de serem atendidas pela maioria, já distanciada do acesso à formação de qualidade (e sem a contrapartida de remuneração condizente), a insegurança torna-se uma constância na vida das pessoas, afetando a saúde física e a mental[5], o que desencoraja estabelecer laços de solidariedade, base fundamental ao engajamento nas causas políticas.

As organizações representativas dos trabalhadores, combalidas pela retração das filiações, rebatendo no custeio da estrutura e diminuindo a margem de mobilização e conquista de direitos, também se postaram numa posição de recuo, arrefecendo a combatividade da época do novo sindicalismo, com dificuldades de engendrar

---

5. Segundo a Organização Mundial da Saúde, São Paulo amarga a posição mundial de cidade com maior índice de saúde mental. Cidade de multidões, filas até para os espaços de lazer, transporte coletivo precário, vida (em grande parte) apressada, sem tempo livre de fruição, desenraizada, individualizada, com forte potencial de deprimir sua população.

estratégias de aproximação com a classe trabalhadora e manter as grandes mobilizações.

Os rebatimentos da crise econômica, política e de valores têm sido impostos de forma profundamente cruel, sobretudo nos espaços onde são implementadas as políticas sociais públicas, atingindo indignamente os seus usuários e, por consequência, acarretando um aprofundamento das precarizações do mundo do trabalho em tais lócus, de toda ordem. Trata-se de um cenário com tendência à desregulamentação das profissões, na perspectiva da flexibilização das relações de trabalho.

A lógica da organização empresarial de recursos humanos se estende aos serviços públicos, impondo a revisão de planos de cargos, carreiras e salários. Cargos ganham a alcunha de nomenclaturas genéricas (analistas diversos), ofuscando as especializações por formação e diluindo as funções entre as áreas, de modo a impedir o acesso a certos direitos, a exemplo da carga horária de trabalho de assistentes sociais[6], ou seja, o que era uma tendência se intensificou brutalmente.

O mercado tem cobrado a conta extra na fatura da categoria, prática que está incorporada à lógica de economias com viés atrasado, repassando os novos "custos" aos próprios trabalhadores — o intelectual Valério Arcary, na conferência final do 13º Congresso Brasileiro de Assistentes Sociais, em 2010, em meio ao ambiente festivo, em dois dias após a aprovação da lei das 30 horas pelo Senado, em uma análise realista, anteviu tal cenário.

Traduzir os retrocessos que atingem os trabalhadores das políticas sociais públicas em tempos de sucessivos golpes não é uma tarefa difícil, uma vez que cotidianamente se tem conhecimento de situações de recrudescimento no acesso a direitos. Por suposto, as expressões da

---

6. A resolução do CFESS n. 572/10 normatiza a obrigatoriedade dos/as assistentes sociais em manter o registro ativo nos Cress no desempenho de funções específicas, independentemente da denominação dos cargos, ou seja, "mesmo que contratados sob a nomenclatura de cargos genéricos", desde que sejam exercidas funções ou atividades de atribuição privativa da profissão. A resolução não inova no entendimento e na regulamentação, mas é um importante instrumento a reforçar a luta pelo reconhecimento da identidade da profissão.

crise política e econômica rebatem no dia a dia da categoria e podem ser retratadas de diversas formas.

Citaremos exemplos de conhecimento público (expostos, em especial, em eventos gerais) que acarretam prejuízos ao trabalho profissional, no que é esperado enquanto condições básicas para o desenvolvimento de uma profissão técnico-científica de nível superior, repercutindo em questões relacionadas ao sigilo profissional e nos direitos humanos.

Imbuídos do pessimismo na análise e do otimismo da ação, chamamento do mestre José Paulo Netto nos instigando à luta, pela crença nas possibilidades da mudança nos rumos da história pelas mãos da classe expropriada, serão abordadas as lacunas da realidade do trabalho da categoria, mas também proposições de algumas possibilidades de ação.

1. Condições de trabalho

As condições de trabalho da categoria, em muitos locais, estão de tal forma negligenciadas, quando não objeto de um projeto deliberado de sucateamento, passando a atingir a materialidade e a subjetividade dos profissionais, de modo a afetar a saúde físico-mental e a vida em geral (e de usuários), o que tem sido recentemente denominado por danos existenciais.

Em relação aos espaços de atendimento à população usuária, a categoria tem exposto situações que geram desdobramentos na preservação do sigilo, como a ausência de sala específica para abordagens, sendo compartilhada com outros departamentos, programas etc., comportando técnicos de outras áreas, diretoria do serviço, gestores, outros profissionais da categoria, assistentes administrativos etc.

Quando não dispõem de sala própria para os atendimentos, os profissionais os realizam em locais improvisados, os mais diversos: no saguão, na recepção, em corredores, no refeitório etc., o que exige, ainda, o pedido de desocupação de alguns desses locais para receber os usuários. Muitas vezes, encontram alternativas para garantir a privacidade, de modo a tornar a abordagem profissional o menos constrangedora possível, negociando o revezamento de salas usadas por médicos, dentistas, advogados e juízes.

Há casos de salas específicas para prestar atendimento, mas sem garantia de sigilo, em razão de inadequações como paredes finas que não isolam o som, divisórias vazadas no teto, sem porta, atendimento com porta aberta, além de outras condições que não preservam a privacidade, como sala com porta de vidro transparente internamente, sala com porta/janela de vidro sem veneziana, com visualização externa (de quem transita na rua), sem sala para atendimentos coletivos etc.

Identificamos relatos de situações envolvendo equipamentos que não disponibilizam condições adequadas à guarda do material técnico de caráter sigiloso. Muitas vezes, as mobílias não são apropriadas por não disporem de portas, documentações específicas são armazenadas junto de outras profissões, há mobiliários sem chaves e armários em outras salas (o que em si não é uma inadequação, mas dificulta o manejo dos materiais).

Outra situação precária diz respeito aos suprimentos de suporte à realização do trabalho. Nesse caso, a falta de equipamentos eletrônicos, de informática e de comunicação, em quantidade insuficiente na sala de atendimento/permanência, ou equipamentos alocados em outras salas (computador, impressora, telefone etc.), acarreta prejuízos à atuação de forma qualificada e não garante privacidade na atuação. Observa-se essa lacuna quando há demanda de orientações complementares por telefone em sala de trabalho ocupada por diversos profissionais ou o equipamento é instalado em espaço externo ao Setor de Serviço Social, comportando profissionais de áreas diversas, como também na impressão de documentos sigilosos em equipamentos compartilhados com outras áreas.

Outra questão relevante é a implantação de câmeras de filmagem nas salas de atendimento. Conforme abordamos no capítulo I, tal ação motivou um posicionamento do CFESS, subsidiado em estudo jurídico, por causar constrangimento ao trabalho profissional e expor as pessoas atendidas e a condição de usuárias das políticas sociais públicas.

Para enfrentar as precarizações a que a profissão é submetida, serão expostas algumas proposituras, de modo a não nos restringirmos apenas à explicitação de dificuldades. Parafraseando Oscar Wilde: "Estamos todos na sarjeta, mas alguns de nós olham para as estrelas".

Proposições de enfrentamento: ao reafirmar o abordado no capítulo I, impõe-se eticamente o posicionamento da categoria na busca da resolução das inadequações. Corroboramos a fala de Terra (2012, p. 206):

> Não basta, simplesmente, excepcionar a regra do sigilo, sob a alegação de violação por terceiros e, consequentemente, de suas prerrogativas, pois caberá ao assistente social demonstrar, de forma inequívoca, que tomou todas as medidas e providências ao seu alcance para impedir que dados confidenciais e sigilosos, escritos ou orais, fossem divulgados sob qualquer pretexto, circunstância ou motivo, ou que chegassem ao conhecimento de terceiros.

Entendemos que a primeira exigência que nos é imposta, como profissionais comprometidos com a defesa intransigente dos direitos humanos, em um contexto de diversas situações inadequadas, o que explicitamente desrespeita os usuários, é ter a compreensão de que, à partida, não somos afetados de forma isolada. As condições de trabalho precarizadas em geral também afetam outras áreas, mesmo que, por vezes, de formas diferentes.

Se nosso compromisso está pautado pelo enfrentamento das injustiças sociais, devemos nos posicionar permanentemente com firmeza, mediante a definição de estratégias construídas coletivamente. Isso exige que os profissionais, em equipe, levantem as questões que conformam o cenário vivenciado e avaliem os elementos que se agregam. A partir do momento que a equipe conseguir alcançar sintonia política, facilita vislumbrar ações com outras áreas, do mesmo espaço sócio-ocupacional, para angariar apoio das chefias e gestores que congreguem preocupações em comum.

Ao esgotar as articulações internas, é importante a aproximação com profissionais que vivenciam questões similares, em espaços externos do mesmo campo de atuação, a exemplo de servidores do mesmo tipo de serviço de um município, já que os empregadores/gestores são comuns.

Da maior relevância é a aproximação com outras instituições, a exemplo dos Conselhos de Classe, que, além de encaminhar ações específicas às prerrogativas do trabalho profissional do serviço que tenha suscitado a atuação (nesse caso, em defesa de "condições condignas" de trabalho), disporão de dados da realidade para estender a incidência a outros serviços da política pública. Caso participem de espaços de luta da sociedade, agregarão informações para propor ações políticas coletivas.

A participação da categoria nas entidades de defesa das pautas trabalhista-sindicais é imperiosa e não só nos momentos de agudização das dificuldades, pelo ato de meramente remeter e cobrar de dirigentes ações de interesse particular. Trata-se de fortalecer e compor esses espaços, mesmo enquanto representação rodiziada entre os profissionais de um mesmo equipamento, para que as análises de conjuntura e os enfrentamentos possam ser feitos de forma a nos anteciparmos aos momentos de crise.

Uma estratégia frutífera, no caso dos sindicatos gerais (que agregam servidores municipais, por exemplo), consiste em reivindicar que as pautas gerais não obstaculizem as discussões específicas. Como há uma quantidade de áreas que compõem tais espaços, é possível participar, ao mesmo tempo, das necessárias discussões gerais, articulando-as às pautas de cada área, de modo a não haver sobreposição de prioridades, com o risco de se perder a dimensão de totalidade ou eclipsar as especificidades das lutas.

Converge para os enfrentamentos nos vincularmos aos espaços que agregam ativistas em frentes de luta mais gerais, na defesa de direitos, como os fóruns de trabalhadores de determinadas áreas, os fóruns de defesa das políticas sociais, os conselhos de políticas públicas e de direitos (quando há espaço de construção democrática), contanto que haja respeito à diversidade da participação, especialmente à representatividade dos usuários.

Quando nos articulamos com atores e organizações que comungam das mesmas indignações, fundadas em valores progressistas, os posicionamentos e as estratégias concretas de ação adquirem uma força muito mais potente, com mais probabilidade de alcançar êxitos.

No que não é possível avançar, pois nem sempre a vontade e o que é justo se sobrepõem à realidade, fica a marca da consciência crítica construída e alimentada, em coerência com o que se defende em teoria. A ação coletiva nos mostra que o seu resultado é mais producente e permanente, pois o que nos sujeita não é de ordem individualizada e o que se constrói em um caminho percorrido em parceria nunca é perdido, transforma-se em aprendizado e fomenta a crença na possibilidade de relações mais solidárias e humanizadas, preparando o terreno para enfrentamentos que se colocam no horizonte.

2. Dificuldades na relação com as chefias e gestores

Além das lacunas estruturais citadas sobre as condições de trabalho, complementamos tais aspectos com as incidências técnico-metodológicas e ético-políticas. Nessa natureza de situações, as dificuldades na relação com as chefias e gestores têm se dado de diversos modos. Por conta da delimitação do campo de estudo, nos deteremos nas que expressam a ingerência na atuação da categoria e remetem à dimensão da ética no sigilo profissional.

Uma das formas de ingerência incide nas metodologias de trabalho, mediante o estabelecimento de protocolos de procedimentos/fluxos, em determinados programas sociais; por exemplo, ao se exigir a realização de visitas domiciliares; na padronização de instrumentais de trabalho, mediante a instituição de modelos (no formato e conteúdo) a serem adotados em relatórios, estudos, pareceres; e, ainda, na definição de itens a serem contemplados ou quesitos a serem respondidos em estudos e pareceres.

Já a interferência direta das gestões, na elaboração desse tipo de documentação, manifesta-se no acesso a relatórios/pareceres por chefias, sob a alegação de contribuírem na revisão da redação, "aproveitando-se" para ingerir em conteúdos e posições manifestadas.

Outra forma de interferir na produção do material técnico-sigiloso se dá sob a alegação de este ter de se submeter à análise da área jurídica, visando dirimir eventuais questionamentos judiciais. Ocorre que os departamentos jurídicos são ocupados quase sempre por cargos de confiança e a intenção, em geral, consiste em alterar informações que "exponham" a gestão pública à revisão das decisões. Se tais condutas se vinculassem a profissionais, prioritariamente em cargos efetivos, com relação de proximidade com a categoria, e desde que por iniciativa desta, quando julgassem conveniente, contribuiriam no subsídio ao trabalho profissional.

Destaca-se o desrespeito à autonomia no desempenho da profissão, prerrogativa prevista no Código de Ética, no artigo 2º, "h", que trata dos direitos do/a assistente social, ao prescrever: "Ampla autonomia no exercício da profissão, não sendo obrigado a prestar serviços profissionais incompatíveis com as suas atribuições, cargos ou funções".

Há situações graves que avançam para além da dimensão da autonomia, como a violabilidade do local de trabalho e da documentação; a retirada de documentos e prontuários na ausência dos profissionais responsáveis por estes; o impedimento de efetuação da lacração do material técnico-sigiloso no desligamento do profissional, quando não seguida de substituição. Tais situações configuram descumprimento de normativas da profissão e de leis gerais por autoria/responsabilização dos mandatários legais dos órgãos públicos.

Algo que nem sempre é motivo de reivindicação por servidores e observância pelos gestores diz respeito à questão da segurança patrimonial e da pessoal, o que guarda relevância para proporcionar um ambiente condizente ao desempenho da atuação com qualidade, quando obedece a requisitos democráticos — a importância nesse aspecto reside, sobretudo, pelas exigências quanto à preservação do sigilo profissional, na medida em que, em um exemplo comum, o furto de equipamentos de trabalho gera insegurança e transtornos no acesso aos dados por pessoas externas ao serviço, ocasionando prejuízos ao serviço, aos profissionais e aos usuários.

Proposições de enfrentamento: deve haver cautela na guarda de dispositivos, como *pen drives* e similares, mecanismos de fácil transporte (que facilitam o uso de equipamentos), pois sua perda/furto pode causar grandes prejuízos.

Quanto à determinação institucional para a realização de visitas, especialmente de cunho fiscalizatório no uso dos benefícios assistenciais, reportamo-nos ao termo de orientação do Cress (RJ): "realização de visitas domiciliares quando requisitadas a assistentes sociais", posicionando que os profissionais não devem realizar visita domiciliar com cunho moralizante e repressivo, que restrinja direitos ou desqualifique a população, recomendando:

> Os registros profissionais que se referem às visitas domiciliares e que são encaminhados para outros profissionais/instituições devem evitar ser meramente ou demasiado descritivos. Trata-se de uma exposição da vida privada do usuário, o que pode ferir o sigilo profissional, de acordo com o artigo 16 do código de ética profissional. Assistentes sociais devem se ater àquelas informações que são relevantes para enfrentar as violações de direitos de todos os usuários envolvidos e para viabilizar o acesso a seus direitos garantidos [...].

A necessidade da visita domiciliar, como um dos instrumentos de trabalho, deve ser uma decisão dos/as profissionais, na perspectiva de agregar elementos à defesa de direitos, de modo a adensar informações e análise sobre aspectos globais da vida dos usuários e não somente sobre a aparência física do imóvel e mobiliários.

Reiteramos a importância dos encaminhamentos de forma coletiva: internamente, na equipe; parceria com profissionais de outras áreas; apoio da chefia imediata; engajamento permanente nos espaços das entidades sindicais e da categoria, acionando os órgãos competentes a cada tipo de situação, como sindicatos, conselhos de classe e Ministério Público do Trabalho.

3. Relação com as instâncias do Sistema de Justiça

Outra frente de dificuldade sobre o sigilo diz respeito à relação da categoria com as instâncias do sistema de justiça, o que decorre por se tratar de espaços marcados pela forte hierarquização das relações de poder, com base na cultura de sobreposição do direito sobre as demais áreas do saber[7] — assim como, de outras formas, se expressam as relações da medicina com outros profissionais da área da saúde e a engenharia na habitação.

As relações dos servidores do Sistema de Justiça com profissionais de outras instituições, no caso os que atuam nas políticas sociais públicas, indicam-nos que o Serviço Social, em especial, se localiza de modo singular nesse cenário. Nesse campo, situações mais estreitas com a questão do sigilo relacionam-se à requisição de cópia de relatórios e de prontuários na íntegra, em relação ao acompanhamento de usuários e famílias, chegando a desencadear procedimento judicial de busca e apreensão de documentos quando da recusa em atender às decisões judiciais.

Tal situação gera a exposição de informações, pois os processos judiciais são acessados pelas equipes dos órgãos que neles atuam e

---

7. Ver conteúdo do Parecer Jurídico CFESS n.º 30/10, de autoria de Terra, com o assunto: "Relação do Assistente Social com autoridades do Sistema Judiciário/Determinações ou exigências emanadas, que não se coadunam com o Código de Ética do Assistente Social e com as normas previstas pela lei 8662/93", por retratar arbitrárias relações e requisições de autoridades judiciárias à categoria profissional.

pelas respectivas partes. Os técnicos que prestam atendimento aos usuários nos serviços obtêm informações da condição de vida, de forma processual e com a compreensão global de tais realidades, diferentemente quando há acesso aos dados por outros, aproximando-se apenas de um fragmento da totalidade.

Não é incomum haver, na atuação de agentes do Sistema de Justiça, requisições de elaboração de estudos/pareceres sociais dirigidas a assistentes sociais das gestões municipais, por vezes constando um rol de quesitos a serem contemplados nos instrumentos de atuação, com a finalidade de levantar informações sobre a situação dos usuários. Contudo, alguns podem não se encontrar em acompanhamento pelo serviço nem pelos profissionais demandados pela justiça a desempenhar tal função.

Ao se demandar, ou melhor, determinar ações extraordinárias à categoria, imputa-se uma condição de sobretrabalho, na medida em que deve haver conciliação do atendimento dessas requisições ao trabalho cotidiano, já marcado, em geral, pela defasagem no quadro de recursos humanos, gerando consequências aos serviços e aos servidores, cenário que tende a se acentuar com a crescente redução dos investimentos públicos nas políticas sociais.

Temos conhecimento de determinações judiciais advindas da Defensoria Pública, do Ministério Público e, com maior volume, via Tribunal de Justiça, com o estabelecimento do cumprimento de prazos exíguos, sujeitando os profissionais a responderem legalmente por seu descumprimento.

O que se observa da organização desses órgãos demandantes são equipes reduzidas, quando não a sua ausência em muitas localidades ou equipamentos. Em vez de se fazer gestões à abertura de concursos para compor, recompor ou ampliar os quadros, percorre-se o caminho aparentemente mais simples, buscando solucionar tal dificuldade com o repasse de demandas às gestões municipais, atuações que, em grande parte, são pertinentes à própria atribuição das equipes de apoio dos órgãos do Sistema de Justiça.

Não menos importante é a dimensão ética nesse tipo de situação. Os profissionais demandados pela justiça não dispõem necessariamente de competência técnica à realização de intervenções em demandas não afeitas à inserção cotidiana. A atuação competente demanda um tempo de investimento teórico, técnico e o embasamento legal pertinente a cada política/segmento.

Nas ações demandadas para atendimento imediato, em área diversa, corre-se o risco de as abordagens e de o processo de trabalho resultarem em prejuízo nas respostas às demandas apresentadas pelos usuários, vedação prevista no Código de Ética, art. 4º, "f": "assumir responsabilidade por atividade para as quais não esteja capacitado pessoal e tecnicamente".

Para melhor ilustrar nossa posição, destacamos a prescrição do Código de Ética sobre as relações da categoria com a justiça, sendo vedado, pelo art. 20, "b": "aceitar nomeação como perito e/ou atuar em perícia quando a situação não se caracterizar como área de sua competência ou de sua atribuição profissional, ou quando infringir os dispositivos legais relacionados a impedimentos ou suspeição".

Outra requisição polêmica, demandada por órgãos do Sistema de Justiça, com mais incidência pelo Judiciário, mas também pelo Ministério Público, manifesta-se mediante a intimação de assistentes sociais para depor como testemunhas; além da requisição de juntada de fotos dos usuários ou das suas moradias nos relatórios/pareceres sociais.

Proposições de enfrentamento: o enfrentamento de requisições desprovidas de fundamento requer posicionamento com suporte jurídico da instituição de lotação dos profissionais demandados, concretizando-se em ações político-administrativas pensadas com as chefias e as respectivas gestões púbicas, que deveriam posicionar-se perante os órgãos demandantes do Sistema de Justiça.

Nas situações de pedidos de remessa da íntegra de prontuário em que as tratativas não convergirem, após a recusa de atendimento com a exposição de justificativa na preservação do sigilo das informações, cabe propor a apresentação dos dados, de modo que impacte o menos possível na divulgação: via remessa de relatórios mais concisos, que contemple de forma direcionada a especificidade da demanda judicial.

Os profissionais devem compreender que as consequências de tais situações não se limitam a prejuízos individualizados, atingindo somente a condição de agentes que representam uma categoria profissional. Atingem também os demais trabalhadores que se relacionam às demandas das intervenções judiciais, por acarretar prejuízos à organização administrativo-funcional das gestões públicas a que estão vinculados, desdobrando-se aos integrantes da equipe, por reverberar, entre outros, no excesso de trabalho[8].

Acima de tudo, têm desdobramento nos direitos dos usuários, em vários aspectos, especialmente quanto à qualidade dos serviços que recebem, implicando não só o requisito da qualificação técnica. Abarcam o acesso desnecessário, por vários órgãos e profissionais, dos dados que compõem a condição de existência da população atendida, rebatendo, assim, no direito à privacidade/sigilo da vida privada desses sujeitos.

Há quem defenda que os relatórios são documentos de domínio público. O seu acesso pode ser de interesse, e direito, dos órgãos que competem relacionar-se com determinadas demandas, não deixando de haver uma margem de restrição na sua divulgação. Ao afirmar tratar-se de documentos de domínio público, depreende-se a possibilidade de acesso de modo irrestrito, o que certamente não é o caso. Os relatórios, pareceres e documentos afins são instrumentos sigilosos da profissão. Quando há exigência do lacre (conforme dissertamos no item 3.2, do 1º capítulo, sobre a Resolução do CFESS 556/09), compõem os itens que devem ser lacrados[9] e são documentos que, pela citada resolução, devem conter a informação de sigilosos.

---

8. A Nota Técnica n. 02/2016-SNAS/MDS "sobre a relação entre o Sistema Único de Assistência Social-SUAS e os órgãos do Sistema de Justiça" apresenta importantes subsídios na matéria em questão, a serem utilizados nos enfrentamentos de requisições arbitrárias.

9. O parágrafo único do art. 2º especifica o que é material técnico sigiloso: "(...) cuja divulgação comprometa a imagem, a dignidade, a segurança, a proteção de interesses econômicos,

A questão central reside no conteúdo das informações prestadas, quando há o atendimento das requisições judiciais. O que deve medir o seu teor é o direcionamento ético-político, de modo a não restar dúvidas quanto a qual interesse está sendo atendido: à lógica revitimizante e policialesca ou à defesa de direitos da classe trabalhadora.

A intimação de assistentes sociais por juízes, para participarem, na qualidade de testemunhas, de processos judiciais, em situações que acompanharam tecnicamente, contraria o disposto no Código de Ética, art. 20, "a", por confundir a função técnica com a de prova testemunhal, não sendo admissível, já que não devemos nos prestar a produzir provas judiciais contra a população, e sim atuar na defesa dos direitos humanos.

Quanto à questão do recebimento de requisições, constando a exigência de juntada de fotografias dos usuários ou das suas moradias nos relatórios, avaliamos que, na hipótese de haver a intencionalidade dos demandantes pela defesa de direitos, mesmo assim cabe problematizar a forma de efetivar tal ação, pelo possível prejuízo aos usuários em ter, desnecessariamente ou de modo inadequado, exposta a sua condição de vida.

Há que se avaliar a finalidade dessas requisições, de modo a refletir com rigor se consistem meramente na busca da confirmação da "veracidade" das informações prestadas pelos profissionais, objetivando conferir o que é relatado, ou seja, denotando que não bastam o relato e a análise técnica das condições de vida dos usuários, instalando um tensionamento para que os profissionais emitam "provas" do trabalho técnico realizado.

A atuação do/a assistente social não pode ser fundada em dados meramente descritivos. Fosse esse o caso, outros profissionais, que não dispõem da formação em nível superior, poderiam produzir um relato apenas descritivo das condições de vida dos usuários. Ao assistente

---

sociais, de saúde, de trabalho, de intimidade e outros, das pessoas envolvidas, cujas informações respectivas estejam contidas em relatórios de atendimentos, entrevistas, estudos sociais e pareceres que possam, também, colocar os usuários em situação de risco ou provocar outros danos".

social, exige-se uma análise do que é relatado, relacionando-a a aspectos diversos da vida dos usuários, o que não se reduz à sua renda e à situação de moradia, abarcando sua condição de saúde e a do núcleo familiar, a empregabilidade, pessoas que dependem da sua renda e apoio, questões vinculadas à educação e à cultura, entre vários outros aspectos que conformam o seu modo de vida.

Compreendemos que, na eventualidade de se intencionar a ampliação do acesso a benefícios/direitos dos usuários, não seria necessário explicitar a solicitação da juntada de fotos, na medida em que a categoria, na condição de profissionais com um saber técnico autônomo na escolha da utilização de técnicas e metodologias apropriadas a cada situação, poderia fazê-lo, sempre com a anuência dos usuários, de modo a procurar dar mais consistência ao acesso de direitos que justifiquem tal conduta.

O registro fotográfico, ao compor um estudo social na política de habitação, por exemplo, para fins de acesso a seus programas, de modo a contribuir para demonstrar a precariedade de uma moradia ou da área em que estiver construída, acarretando riscos à vida das pessoas, adquirirá outras nuances, como mais uma das estratégias de defesa de direitos.

Mesmo em tal hipótese, é imprescindível conduzirmos a ação com todo o rigor ético. Não basta meramente a anuência dos usuários. É fundamental, como em outras intervenções, prestar inicialmente os esclarecimentos necessários para que os usuários compreendam cada instrumento e a totalidade e finalidade da abordagem, conforme prevê o Código de Ética, no art. 5º, como dever nas relações com os/as usuários/as:

> e — informar à população usuária sobre a utilização de materiais de registro audiovisual e pesquisas a elas referentes e a forma de sistematização dos dados obtidos;
> h — esclarecer aos/às usuários/as, ao iniciar o trabalho, sobre os objetivos e a amplitude de sua atuação profissional.

O Cress/PR emitiu a Orientação n. 4, em 2013, dispondo "sobre a Nomeação de Assistentes Sociais na qualidade de Peritos Judiciais" — profissionais que atuam no auxílio a juízes, em processos judiciais, em caráter recursal, nos requerimentos de Benefícios de Prestação Continuada (BPC), na instância dos Juizados Especiais Federais Previdenciários.

A referida nota contempla, entre outras questões, orientação em relação às determinações institucionais para juntada de fotografia nos laudos periciais. Considera que o profissional, ao acatar imposições que definam previamente determinados quesitos, pode decorrer na infração ao Código de Ética e à Lei de Regulamentação da Profissão. Relaciona os seguintes quesitos a serem observados, de modo a recusarmos a sua incorporação:

> 1. Realizar perguntas pré-definidas nas visitas domiciliares, em forma de "questionário";
> 2. Verificar os cômodos da residência dos usuários;
> 3. Tirar fotografias (10 a 20 fotos por laudo) para os autos como forma de comprovação e evidência da condição socioeconômica do usuário/família;
> 4. Solicitar assinatura do usuário em autorização para tirar fotografias no ato da visita do perito;
> 5. Entrevistar vizinhos sobre a situação do usuário;
> 6. Quando da elaboração do laudo, é desnecessária a emissão de conclusão favorável ou desfavorável.

O texto da Orientação considera que o profissional, ao aderir a tais comandos, terá a sua autonomia técnica e ética abolida:

> [...] visto que indica quais aspectos devem ser verificados em forma de perguntas/questionário; a indicação quanto ao uso de fotografias como meio de prova e/ou evidência da condição socioeconômica a ser anexado no laudo pericial, assim como a solicitação de assinatura do usuário em documento autorizando a fotografar fere os Princípios Éticos

do Assistente Social e evidencia coerção e a quebra do sigilo, subtraindo do profissional a liberdade e capacidade de análise e de manifestação sobre a matéria do seu exercício profissional, configurando-se uma ação de cumprimento de diligência/constatação.

Atuações profissionais alinhadas com requisições conservadoras dessa natureza manifestarão, igualmente, posturas com contornos antidemocráticos. Da dimensão inerente ao trabalho profissional, de caráter investigativo, resultará uma ação investigatória, de monitoramento de comportamentos, contrariando os preceitos éticos da profissão, por explicitamente se constituir como um dos seus deveres: art. 3º/"c" — "abster-se, no exercício da profissão, de práticas que caracterizem a censura, o cerceamento da liberdade, o policiamento dos comportamentos, denunciando sua ocorrência aos órgãos competentes".

É essencial o suporte institucional, como do Conjunto CFESS/Cress[10] na conduta profissional, de modo a explicitar os comandos do Código de Ética, situando-os em demandas concretas, contribuindo com subsídios reflexivos e indicando caminhos aos conflitos éticos, o que fornecerá sustentação às posições da categoria no encaminhamento dos enfrentamentos às requisições conservadoras reatualizadas, por notadamente infringir o sigilo profissional e confrontar-se com a agenda dos direitos humanos.

4. Solicitação de dados cadastrais dos usuários

Às questões apontadas, de forte impacto no exercício profissional e nos direitos dos usuários, agregam-se outras ocorrências que,

---

10. Nesse sentido foi produzido o parecer jurídico CFESS n. 10/12, de lavra de Terra, com o assunto: "DETERMINAÇÃO emanada do PODER JUDICIÁRIO, mediante intimação a assistentes sociais lotados em órgãos do Poder Executivo e outros para elaboração de estudo social, laudos, pareceres/Caracterização de imposição pelo Poder Judiciário, de trabalho não remunerado, gerando carga de trabalho excessiva".

de alguma forma, convergem para afetar o sigilo profissional, como a solicitação de dados cadastrais dos usuários por terceiros, em especial por gestores de outras pastas e pelo Legislativo (mais comum por vereadores), incluindo o endereço de residência da população beneficiária de programas sociais.

Aqui, obviamente, não estamos tratando da preocupação em fiscalizar e cobrar do Executivo o exercício da sua função pública, de modo transparente e visando, efetivamente, à execução do orçamento conforme aprovado pelo Conselho da Assistência Social — o que poderia ser feito em parceria com o referido órgão, o Ministério Público, a Defensoria Pública, entre outras instâncias de defesa dos interesses coletivos.

Tomando por base os elementos da nossa cultura política, fundada no patrimonialismo e no clientelismo, tal situação nos dá a dimensão da direção a que se propõem os seus demandantes, indicando propósitos eleitoreiros. Ao acessar os dados dos beneficiários dos programas sociais, isso implica colocá-los à mercê de ações nada republicanas, expondo-os sobremaneira à condição de usuários das políticas assistenciais (algumas delas, assistencialistas). Sujeita-os ao acesso de "autoridades" nas suas moradias, com incidência em questões das suas necessidades materiais emergenciais, o que pode tensionar a continuidade do acesso aos benefícios já escassos.

Tal situação expressa as relações de mando e desmando da nossa sociedade, mediante o desprezo com os direitos básicos de cidadania, abandonando à própria sorte a população subalternizada; um fomento à permanência de práticas marcadas pelo favor. A persistência dos Fundos Sociais de Solidariedade sob a gestão do primeiro-damismo, desrespeitando o comando único da política da assistência social, é prova cabal de tal *ethos*.

Proposições de enfrentamento: destacamos que o acesso a dados cadastrais de usuários não diz respeito somente à categoria de assistentes sociais, por não sermos os profissionais exclusivos a compor os quadros técnicos das políticas sociais, incluindo a assistência social, nem detentores das suas gestões, cabendo a definição de procedimentos pertinentes à política municipal, obedecendo aos princípios constitucionais, resoluções emanadas pelos conselhos municipais, estaduais ou nacionais das políticas sociais, assim como normativas e recomendações de outros órgãos.

5. Problematizações em geral da categoria

Há ocorrências que se relacionam ao sigilo profissional que mais dizem das dúvidas da categoria na conduta técnica e ética nos processos de intervenção com os usuários do que de imposições institucionais. Traduziremos tais casos com alguns exemplos, correlacionando-os aos entendimentos de que dispomos.

Em tempos de retrocesso de direitos e de rebatimentos nos espaços sócio-ocupacionais, com a complexificação das relações de trabalho e das requisições societárias e institucionais, é de se esperar que isso resvale na profissão, rompendo fluxos de trabalho estabelecidos e forjando a categoria a rever a condução de determinadas condutas e procedimentos.

Um dos questionamentos da categoria diz respeito à viabilidade de se atender à solicitação, por usuários ou seus representantes constituídos, de cópia do prontuário ou de documentos que o compõem: entendemos que esse tipo de acesso constitui-se em direito inequívoco dos usuários, assim como de todos nós, na condição de cidadãos, em questões as mais diversas, prevendo ciência e acesso a tudo o que é produzido a nosso respeito, tendo por base o princípio da transparência e democratização das informações.

Condutas pautadas em direção inversa geram situações que podem aproximar-se de práticas ditatoriais, *kafkianas*, permitindo que terceiros coletem informações, avaliem-nas e tomem decisões, sem que ao menos possamos ter ciência, a fim de, quando for de interesse, confrontá-las com conhecimento da sua autoria, origem, pleno teor e da sua fundamentação.

Quanto a um outro tipo de situação, a solicitação de usuários para gravar entrevistas/abordagens profissionais, compreendemos que nesse caso há um elemento que difere e se sobrepõe: a autonomia profissional. Da mesma forma, cabe ao assistente social decidir acerca da autorização quanto à presença de terceiros durante os atendimentos, conforme tratamos no primeiro capítulo, ao abordar o parecer jurídico do CFESS n. 021/16.

A gravação de entrevistas expõe o profissional a situações as quais não terá nenhum controle, sujeitando-o a ter suas falas divulgadas e, ainda pior, possibilitando distorções, mediante técnicas de cortes ou edição de conteúdos, descontextualizando-os, podendo acarretar prejuízo aos próprios usuários.

Já em relação ao acesso ao conteúdo de correspondências de usuários, especialmente em instituições totais, como centros de atendimento a adolescentes em cumprimento de medidas socioeducativas, sistema prisional, instituições de saúde que atendem pessoas em uso abusivo de substâncias psicoativas, há robustos fundamentos ético-legais amparando a conduta profissional nesse e em similares tipos de ocorrência pela manifestação de recusa a desempenhar condutas de tal natureza.

Valores éticos da profissão, como não policiamento de comportamentos, defesa dos direitos humanos, além das garantias consubstanciadas nos princípios constitucionais, contemplam a preservação do direito de todos os cidadãos à intimidade e à privacidade, incluindo e avançando a dimensão da relação profissional, como exposto no primeiro capítulo. O art. 5º define em relação ao sigilo de correspondência:

> XII — É inviolável o sigilo da correspondência e das comunicações telegráficas, de dados e das comunicações telefônicas, salvo, no último caso, por ordem judicial, nas hipóteses e na forma que a lei estabelecer para fins de investigação criminal ou instrução processual penal (vide Lei n. 9.296, de 1996).

O Código Penal (Decreto-Lei n. 2.848/1940) estipula pena pela divulgação de segredo, no art. 153: "Divulgar a alguém, sem justa causa, conteúdo de documento particular ou de correspondência confidencial, de que é destinatário ou detentor, e cuja divulgação possa produzir dano a outrem". O Código Civil (Lei n. 10.406/2002) assegura, no art. 21, que "a vida privada da pessoa natural é inviolável, e o juiz, a requerimento do interessado, adotará as providências necessárias para impedir ou fazer cessar ato contrário a esta norma".

Divulgar, sem justa causa, conteúdo de documento particular sujeita a todos, independentemente de encontrar-se no exercício profissional, responder legalmente. Tal dever é de nítida relevância na convivência em sociedade, uma vez que busca inibir ações invasivas ao direito particular em ter resguardadas as informações que dizem respeito somente aos seus próprios detentores.

Assim, tendo por base as garantias legais quanto à inviolabilidade da intimidade e seus correlatos, configura-se em equívoco de grande monta sujeitarmos a cumprir determinações institucionais que firam frontalmente os direitos humanos; no caso, direitos elementares dos usuários das políticas públicas, na condição de cidadãos igualmente protegidos pela Constituição — salvo as excepcionalidades de que a letra da lei já dispõe.

Os relatórios *on-line*, possibilidade de incrementação dos instrumentos de trabalho, cada vez mais presentes no cotidiano profissional de diversas áreas de atuação, são uma das facilidades que o avanço da tecnologia da informação tem proporcionado, observando-se, por outro lado, que a sua incorporação aos ambientes de trabalho exige muita cautela.

Há que se dispensar tratamento adequado no seu uso, no sentido do cuidado com as ferramentas de segurança, a fim de garantir que o acesso de profissionais de outras áreas a seções específicas da profissão seja realmente delimitado a quem de direito for habilitado pela alimentação dos conteúdos que cada sistema/banco de dados comporta. Deve-se impor o dever do sigilo a todos, conforme preconiza o Código Penal (Decreto-Lei n. 2.848/1940), ao vedar, no art. 153/§ 1º-A, a divulgação de segredo: "Divulgar, sem justa causa, informações sigilosas ou reservadas, assim definidas em lei, contidas ou não nos sistemas de informações ou banco de dados da Administração Pública".

Destacamos uma preocupação recorrente no exercício profissional quanto às informações que devem ser registradas nos prontuários únicos, sejam físicos, sejam eletrônicos. Referenciamo-nos no documento produzido pelo CFESS: *Parâmetros para atuação de assistentes sociais na política de saúde* (2010, p. 21), ao abordar as principais ações desenvolvidas pelo/a assistente social nessa área, dentro das ações assistenciais, orientando que o registro dos atendimentos no prontuário único tenha o "objetivo de formular estratégias de intervenção profissional e subsidiar a equipe de saúde quanto às informações sociais dos usuários, resguardadas as informações sigilosas que devem ser registradas no prontuário social".

Significa que as anotações mais específicas, os detalhes de situações ou informações sigilosas, necessárias de registro, mas que não requeiram compartilhamento com a equipe multiprofissional, devem compor os instrumentos de acesso exclusivo da categoria. Na mesma linha de análise, compreende-se a questão do repasse das informações nas discussões do trabalho multidisciplinar, de modo a expor o que de fato contém relevância à atuação das demais áreas que compartilham o objeto comum de atuação e fará diferença para que a equipe disponha de informações para elencar os elementos à realização da avaliação conjunta.

Observando o Código de Ética, no tratamento dado ao sigilo na atuação em equipe multidisciplinar, pelo art. 16, parágrafo único: "Em trabalho multidisciplinar só poderão ser prestadas informações dentro dos limites do estritamente necessário". O Código explicita um comando normativo ao sigilo como direito fundamental, devendo ser observado como uma regra básica. A sua revelação é que se reveste de exceção, compreendendo ser quase impossível que as regras de conduta não prevejam abertura, até pela premência das questões que compõem a dimensão ética de tal monta, como é próprio da realidade da população atendida nos serviços das políticas e órgãos públicos.

No seu estudo na área da saúde hospitalar, Matos (2013, p. 128) levanta três hipóteses sobre os motivos que levam a categoria a não ter adotado como rotina, em muitos locais, o registro em prontuários únicos: a forma de organização do trabalho coletivo, que não facilita tal fluxo, por tal instrumento de trabalho permanecer distante da categoria, durante os atendimentos, além do constante manuseio por outros profissionais, especialmente pela equipe de enfermagem e medicina; a dificuldade dos profissionais em definir as próprias atribuições e, por conseguinte, o que deve ser compartilhado com a equipe multidisciplinar; além da preocupação com o sigilo.

Decorrente de tal postura, pouco ou nada se registra em nome do sigilo, obstaculizando a visibilidade do trabalho do Serviço Social na instituição, mesmo tendo investido tempo e, na maioria dos casos, com qualidade. Matos (2013, p. 132) supõe que, na saúde, "poucas são as informações sigilosas a que os assistentes sociais têm tido contato". Para tanto, requer o estabelecimento de uma relação de confiança com os usuários, o que se constrói aos poucos e não se configura na atual realidade de trabalho na saúde hospitalar, em que a categoria em geral tem tido apenas um contato com os usuários.

Ao exprimir preocupações nesse sentido, fazemos, ao mesmo tempo, a defesa da atuação em equipe multiprofissional, por se constituir na direção do que defendemos em termos de um trabalho que se volta à totalidade da vida social, congruente com o método de análise da realidade em que o nosso projeto de profissão se fundamenta, contrário às fragmentações.

Ressalvamos o cuidado a ser considerado: não é por ter a característica de uma atuação que agrega várias áreas do saber, em especial no atendimento às políticas sociais, que se dispensam as particularidades de cada profissão e, por consequência, os seus direitos e deveres, em consonância à posição do CFESS, em *Parâmetros para atuação de assistentes sociais e psicólogos/as na Política de Assistência Social* (2011, p. 41):

> O trabalho em equipe não pode negligenciar a definição de responsabilidades individuais e competências, e deve buscar identificar papéis,

atribuições, de modo a estabelecer objetivamente quem, dentro da equipe multidisciplinar, encarrega-se de determinadas tarefas.

Por ser oportuno, fazemos referência à resolução do CFESS n. 557/2009, que "dispõe sobre a emissão de pareceres, laudos, opiniões técnicas conjuntos entre o assistente social e outros profissionais", por dar um tratamento à atuação conjunta com outras áreas. A resolução dispõe, no art. 4º, que "ao atuar em equipes multiprofissionais, o assistente social deverá garantir a especificidade de sua área de atuação".

Nesse sentido, a resolução tem como foco delimitar atribuições privativas do Serviço Social, quando há atuação associada a outras profissões, devendo ser evidenciados, nos documentos produzidos conjuntamente, os conteúdos a que o/a assistente social responde. No artigo 4º, está posto que:

> Parágrafo primeiro — O entendimento ou opinião técnica do assistente social sobre o objeto da intervenção conjunta com outra categoria profissional e/ou equipe multiprofissional deve destacar a sua área de conhecimento separadamente, delimitar o âmbito de sua atuação, seu objeto, instrumentos utilizados, análise social e outros componentes que devem estar contemplados na opinião técnica.
> Parágrafo segundo — O assistente social deverá emitir sua opinião técnica somente sobre o que é de sua área de atuação e de sua atribuição legal, para a qual está habilitado e autorizado a exercer, assinando e identificando seu número de inscrição no Conselho Regional de Serviço Social.

A relevância da resolução configura-se no cuidado com os usuários, pelo direito a terem acesso ao que é produzido em relação a aspectos da sua vida. No caso dos atendimentos prestados nos serviços que compõem as políticas sociais, constam definições, nos documentos elaborados, quanto ao acesso a programas e serviços, com atendimentos prestados conjuntamente. Dispõem de dados, interpretações e indicações que subsidiam decisões superiores.

Não basta o usuário ter direito a acessar tais documentos. Quando são produzidos por mais de uma área, deve ser garantida a explicitação de quem/qual profissão responde pelos respectivos conteúdos. Mesmo que o profissional conduza o seu trabalho, na prática, com o rigor necessário, ao registrar de modo indistinto uma avaliação/opinião técnica, o usuário não terá meios de distinguir a autoria nem as responsabilidades. O direito a ter pleno conhecimento da delimitação das atuações, um direito em si a ser garantido, proporciona que se coloque na condição de pedir esclarecimento ou contestar o que não corresponder às informações prestadas e até denunciar interna ou externamente o que lhe for imputado indevidamente.

Ao contrário, terá o seu direito de agir impedido, podendo incidir no profissional a responsabilização da opinião de outra área com indícios de inadequação técnica ou ética. O/a assistente social, ao não dispor da habilitação legal para responder por outra formação, mesmo que só na dimensão formal, já pratica uma irregularidade, ficando vulnerável a responder perante o Ministério Público por exercício ilegal da profissão[11] e perante o Cress por conduta ética, conforme disposição do Código, ao vedar, no art. 4º:

> b — praticar e ser conivente com condutas antiéticas, crimes ou contravenções penais na prestação de serviços profissionais, com base nos princípios deste Código, mesmo que estes sejam praticados por outros/as profissionais.
>
> f — assumir responsabilidade por atividade para as quais não esteja capacitado/a pessoal e tecnicamente.

Outro tipo de dúvida é quanto à possibilidade de assistentes administrativos acessarem documentos de caráter técnico-sigiloso da profissão. Compreendemos que qualquer categoria profissional

---

11. O que é contravenção penal, prevista no art. 47 da Lei de Contravenção Penal, Decreto-Lei n. 3.688/41 — só é considerado crime para a configuração de exercício ilegal de médicos, dentistas e farmacêuticos, com fulcro no art. 282 do Código Penal — Decreto-Lei n. 2.848/40.

tem o direito de dispor de um corpo de funcionários que dê suporte administrativo à sua atuação essencial, para contribuir na organização de documentos, prontuários, contatos para agendamentos, preparação de visitas, entre outros serviços.

Para tanto, faz-se necessário ter contato com materiais e documentos sigilosos, no que nos valemos da posição de Terra:

> O sigilo profissional abrange as informações captadas em virtude do regular exercício profissional e obriga a todos os/as trabalhadores/as que por razão do seu ofício ou suas relações laborais tenham conhecimento de informações confidenciais de outras pessoas (Parecer Jurídico do CFESS n. 06/2013).

Isso implica que os profissionais que apoiam o trabalho profissional, no aspecto formal-administrativo, também estão sujeitos, pelas funções que ocupam, a garantir o sigilo das informações coletadas pela equipe técnica. Inclusive nos processos judiciais que são classificados como sigilosos está previsto o suporte de servidores específicos para tal função.

Uma solução é o estabelecimento de termos de responsabilidade, contendo o dever da preservação do sigilo pelos profissionais em geral, incluindo quem compõe o suporte administrativo — considerando que não dispõem de um regramento ético que os orientam, como é próprio da maioria das profissões de nível superior.

As situações e problematizações do presente capítulo retratam, concretamente, as dificuldades da categoria em dispor de condições condignas de trabalho, o que remete a desafios em manter o sigilo das informações que inevitavelmente tais profissionais acessam no exercício cotidiano da profissão, tanto nas questões estruturais dos locais de atuação como em relação às diferentes exigências postas, oriundas de determinações institucionais, exigindo reflexões para subsidiar as escolhas ético-políticas possíveis a cada cenário.

Pelo exposto, confirma-se o que inicialmente abordamos: trata-se de situações difíceis e diversificadas, observando que mesmo abarcando um quantitativo importante, diz respeito somente ao recorte do que temos observado de mais relevante em relação ao sigilo profissional, não contemplando a totalidade das dificuldades presentes na realidade de trabalho da categoria.

Tais questões incidem e dificultam ou podem obstaculizar a realização do trabalho de forma condizente com as prerrogativas da profissão e, por consequência, quanto ao acesso dos usuários à prestação de serviços públicos (ou com finalidade pública), de forma condigna e com qualidade.

Defendemos a atuação referenciada em plano de trabalho, o que proporciona imprimir uma postura profissional calcada em bases teórico-metodológicas, ético-políticas e normativas formalmente explicitadas e traduzidas na dimensão técnico-operativa de forma competente. A possibilidade de alcançar resultados satisfatórios tem menos alcance quando nos restringimos a meramente rebater as requisições indevidas.

É fundamental negarmos assumir atividades incompatíveis que subalternizam a profissão institucionalmente, com vistas a afirmar a identidade profissional, especialmente quando somos sujeitados a outras áreas. Agora, resumir-se à postura reativa de negação torna-se insuficiente. As recusas adquirem consistência de serem compreendidas quando, no mesmo plano, é exposto o que nos cabe, traduzindo-se a profissão por suas bases teóricas, éticas e normativas, ao mesmo tempo que agregamos propostas, procedimentos, fluxos e processos de trabalho, com base nos dados da realidade.

O levantamento de dados/caracterização da área e da população do território de abrangência da atuação possibilita desvelar as requisições latentes e explicitamente postas pela população que nos demanda. Uma atuação competente adensa as cinco dimensões do trabalho profissional, de acordo com Guerra (2016):

— Dimensão técnico-operativa: diz respeito às estratégias instrumentais que promovem o trabalho profissional, de modo a responder e propor recursos operacionais, de forma criativa e democrática, ao que é requisitado.

— Dimensão teórico-metodológica: o referencial teórico que subsidia a atuação, fornecendo as categorias de análise da realidade, o que possibilita pensar os caminhos e definir as ações condizentes das questões que conformam a conjuntura macro aos cenários micros que contam com a inserção profissional.

— Dimensão ético-política: dimensão conjugada pelos valores morais (alguns elencados em princípios éticos que pautam a conduta profissional) e por estratégias políticas, com vistas a concretizar as proposituras vinculadas ao projeto de profissão, segundo escolhas postas/impostas pela realidade e criadas via adensamento de propostas individuais e coletivas.

— Dimensão investigativa: possibilitada pela pesquisa da realidade em que está situado o exercício profissional, de forma organizada/sistemática, visando levantar elementos que justifiquem o desenvolvimento de projetos direcionados às necessidades postas pela população. Também abarca as diversas competências/atribuições previstas no cotidiano de trabalho, as quais demandam, *per si*, atitude investigativa: no levantamento de informações em visita domiciliar, em entrevista, possibilitando análise e opinião técnica.

— Dimensão formativa: trata-se do desempenho da atribuição privativa na supervisão direta de estágio, acadêmica e de campo, que se constitui em um dos diferenciais da profissão, ao estabelecer o acompanhamento sistemático de estagiários por assistentes sociais habilitados ao exercício da profissão, nos espaços institucionais e nas unidades de formação acadêmicas, com a finalidade de consolidar o processo de formação com rigor e, sobretudo, adensar elementos à qualificação da prestação dos serviços à população.

É reservado às profissões um lugar na divisão sociotécnica do trabalho, o que não significa que seja *ad aeternum*, assim como (quase) nada na dinâmica da realidade é possível. Para preservar minimamente a ocupação de espaços socialmente "designados" às áreas do saber, seus agentes são demandados a dar respostas ao que se espera de suas ocupações, de modo a corresponder às demandas da sociedade, não significando ter de se submeter aos ditames do mercado.

Por princípio, como defendemos que, em geral, há espaço para disputas, não se pode tomar os cenários de retrocesso como dados. Além das estratégias para concretizar os posicionamentos ético-políticos, especialmente por meio da articulação com outros sujeitos, como expusemos, a relação da autonomia com a qualificação/competência profissional é uma das exigências fundamentais para fazermos frente às nefastas imposições a que temos sido submetidos. Segundo Simões (2008):

> Um assistente social, ao elaborar um estudo sobre uma família substituta, para uma decisão judicial de adoção, depende, apenas, de seu próprio discernimento, ao elaborar seu parecer, estando, portanto, suscetível de se submeter à interferência de interesses pessoais ou privados. A autonomia do exercício profissional configura-se, então, como condição de sua eficácia; mas simultaneamente, para que seja exercida, segundo o interesse público, tem sua conduta submetida ao controle ético-institucional. Um exemplo paradigmático, daí decorrente, é o direito-dever do sigilo profissional.

A autonomia não é algo abstrato nem é dada fortuitamente, de forma externa (por empregadores, gestores e chefias), por estar positivada no Código de Ética. É conquistada e reafirmada cotidianamente, pela concretude da nossa postura e intervenção: a intencionalidade refletida; como se realizam as ações e os seus resultados efetivos, o que pressupõe, essencialmente, formação condizente aos princípios éticos e qualificação permanente — o Código assegura, entre os seus princípios e nas prerrogativas da profissão:

> VII — Garantia do pluralismo, através do respeito às correntes profissionais democráticas existentes e suas expressões teóricas, e compromisso com o constante aprimoramento intelectual;

X — Compromisso com a qualidade dos serviços prestados à população e com o aprimoramento intelectual, na perspectiva da competência profissional.

Art. 2º Constituem direitos do assistente social:

f) aprimoramento profissional de forma contínua, colocando-o a serviço dos princípios deste Código.

Ter capacidade para desvendar os significados das demandas, dando respostas às exigências socialmente postas, de forma qualificada, ao mesmo tempo e indissociavelmente que se disputam e ampliam espaços para realizar os projetos que a categoria defende, traduz a (relativa) autonomia profissional.

Segundo Iamamoto e Carvalho (1996), considerando as determinações institucionais a que os profissionais se encontram submetidos, a autonomia à concretização do saber técnico-científico torna-se relativa, o que significa que não é plena, mas há um espaço de manobra para o agir crítico, de modo que seria maniqueísta responsabilizar ou isentar completamente os profissionais pelas lacunas existentes no cotidiano.

É inegável a existência de determinações historicamente postas, como também da nossa potencialidade em intervir na realidade como sujeitos de transformação, movimento dialético que traduz as contradições dos processos socialmente construídos, cuja exigência à contribuição qualificada requer compromisso no investimento da formação permanente.

Veja um exemplo dessa situação: profissionais que assumem a coordenação de cursos de graduação, de estágio ou de quaisquer disciplinas na docência e fazem-no de modo comprometido, com conhecimento das Diretrizes Curriculares, das normativas, dos posicionamentos sobre a formação e a profissão, sob o risco, em posição inversa, de manifestar posições e orientações equivocadas, acarretando prejuízos à formação dos discentes e, por consequência, aos usuários que se submeterão à futura abordagem profissional.

É fundamental que profissionais recém-formados ou com trajetória tenham disponibilidade e compromisso ético-político de acessar permanentemente a atualização de normas e orientações das políticas públicas e o funcionamento das instituições garantidoras de direitos, com profundidade, especialmente em relação a temáticas vinculadas ao campo de inserção.

Ao serem suscitadas dúvidas na execução de procedimentos, quando nos deparamos com novas requisições, impondo-nos a necessidade de incrementar os projetos em andamento, especialmente em processos de trabalho mais complexos, é fundamental termos acesso à bibliografia de estudos e a pesquisas de campo acumuladas sobre as temáticas específicas de atuação.

Uma alternativa à resposta de novas requisições consiste na interlocução com profissionais que vivenciaram experiências exitosas, situados no campo crítico. É comum a categoria se ver tensionada por novas demandas, algumas de singular complexidade, com pouca ou nenhuma capacitação oferecida pelas instituições empregadoras no processo de implementação.

Há que valorizar o já construído por outras mãos, eis que submetidas às fases de erro e acerto. A interlocução pode avançar para além do território ou da rede em que nos encontramos inseridos. A troca de impressões, de dados e estudos, adaptando-os às necessidades da realidade territorial/cultural, é uma das possibilidades mais profícuas.

A inserção de estagiários nos campos de trabalho tem o potencial de abastecer as reflexões. Pela sua natureza, em processo de aprendizagem, em esperada postura de esmiuçamento da realidade, possibilita-nos desativar a "função automática" das condutas cotidianas e, tensionados de forma construtiva, contribuem na ampliação das reflexões e ações.

A relação com a formação oportuniza-nos atualizar conhecimentos e não sucumbir ao pragmatismo do "chão de fábrica", da postura condicionada a rotinas demarcadas. Propõe-se a reacender o interesse de relacionar, de forma dialética e permanente, a teoria à prática e vice-versa, de modo a transcender o tecnicismo, na construção da práxis, que é uma exigência por essência e em consonância aos princípios da profissão.

Segundo Rios (1994, p. 67), ao tratar da ética e da competência:

> Não poderíamos superar a dicotomia técnica x política se apenas articulássemos a ética à política e mantivéssemos a técnica como um campo autônomo, que de fora recebe as benesses, os benefícios de uma política fertilizada pela ética. É preciso garantir a ideia de que a dimensão técnica também carrega a ética. O que temos é competência *técnico-ético-política*.

Depreende-se que é indissociável a relação formação-profissão, a ser regada permanentemente com estratégias visando ao adensamento de elementos que ampliem o binômio dessa qualificação. Por extensão, remete à discussão da precarização não só do processo de formação dos futuros profissionais, mas também das condições de trabalho dos formadores, em sua maioria composta de docentes assistentes sociais.

Em pesquisa realizada por Albuquerque (2018), com docentes de unidades privadas de formação acadêmicas da cidade de São Paulo, na graduação de Serviço Social, a autora retratou a acentuação da precarização das condições de trabalho, em uma realidade marcada pelo aumento da burocratização; a ampliação do número de alunos por sala, o dito "ensalamento" (p. 173), com intensificação da carga de trabalho sem a contrapartida de aumento dos vencimentos, causada pela implementação de novos modelos de gestão da educação, nos moldes da dinâmica da produção de produtos de consumo, tornando a formação também uma mercadoria.

Esse quadro tem implicado desgastes físicos e mentais e repercutido no grau de satisfação dos profissionais (a maioria do sexo feminino), retratado nas assertivas em que 30% das entrevistadas o adjetivaram como "frustrada, cansada, abandonada e desmotivada, outras 23% expressaram sentimentos contraditórios, como satisfação e decepção, paixão e insegurança, e outras 23% declararam sentir-se bem e relativamente bem".

A ausência de condições adequadas ao exercício da docência repercute na formação e, em consequência, no trabalho profissional, rebaixando a qualidade de ambas as dimensões, o que gera impactos nos direitos dos usuários, que devem ter acesso à prestação de atendimento com qualidade técnica e ética. Diante de tal cenário, impõe-se como premissa a incidência permanente de defesa da qualidade da formação conjugada à qualidade do trabalho e da prestação dos serviços pelos discentes, docentes, profissionais e suas respectivas entidades representativas em articulação com movimentos da sociedade de luta pela educação.

A repercussão da crise estrutural, intensificada com a crise conjuntural pós-Golpe no mundo do trabalho e nas políticas sociais, revela-nos os desafios para realizar o trabalho profissional que se colocam nos enfrentamentos das refrações da questão social.

O Código de Ética, cuja vigência data de 1993, casa com a intensificação da incursão dos programas neoliberais na nossa sociedade. Nesse sentido, seus princípios são confrontados frontalmente, pelo seu distanciamento ao *ethos* conservador (no mesmo processo se colocam os direitos conquistados na Constituição). As prerrogativas positivadas no Código passam a ser mais tensionadas, no que se incluem os requisitos ao resguardo do sigilo profissional, tornando-se mais extenuante assegurá-los.

A exigência da profissão dispor das suas próprias proposituras e instrumentos, articulando-os às pautas demandadas pelos empregadores, não deixando serem sequestradas nossa autonomia e especificidade, o que ocorre quando se opta pela atuação direcionada pelos programas das políticas sociais ou institucionais. Não é incomum profissionais incorporarem as diretrizes das políticas sociais como um imperativo. Se a cada governo ou a cada revisão da formatação das políticas sociais a profissão se acoplar, anulará sua identidade.

Cabe e deve haver a defesa permanente das prerrogativas éticas, das competências e atribuições privativas da profissão, de modo a não sucumbirmos a generalizações nem a indiferenciações das especificidades das diversas áreas que, certamente, articulam-se, mas não se anulam ou se substituem. Ouvimos muitos profissionais e gestores afirmarem que em determinados serviços todos fazem de tudo igualmente. Não é porque assim é pensado, possivelmente imposto, que isso seja o esperado. Cabe-nos a competência técnica, teórica e ético-política em fazer os contrapontos, o que não significa corporativismo, mas defesa dos direitos da profissão e da população.

Em determinadas políticas, há a garantia de composição de quadros nos seus serviços, o que confirma que a exigência para a inserção de cada profissão explica-se pela sua especificidade. Ao ser aprovada a realização de concurso com um número de vagas por área, o gestor dá legitimidade aos profissionais, inclusive administrativo-legal, em assegurar a lotação no desempenho das atribuições privativas.

Pelo que apontamos no presente capítulo, observa-se que as dificuldades impostas ao trabalho profissional podem se apresentar de formas as mais diversificadas, imputando responsabilidades aos empregadores e aos profissionais.

Do que cabe à categoria, quando imbuída de valores e estratégias que almejem incidir na reorganização dos cenários de descumprimento das exigências ao atendimento à população e de desrespeito às prerrogativas profissionais, posicionamentos com vistas a que, como canta o saudoso Gonzaguinha, não se permita que as condições desafiadoras vão "corroendo aos poucos o nosso ideal" de uma profissão comprometida com o modelo de uma sociedade mais justa, devemos fazer a defesa incansável e permanente dos direitos humanos.

Não há luta que não possamos vencer se não houver disponibilidade em iniciá-la, nas condições objetivas dadas pelo momento histórico e pela conformação de forças possíveis e nas condições subjetivas que podemos ir enriquecendo no caminho, assim como a poesia desse bravo cancioneiro tanto nos move: "Somos nós que fazemos a vida, como der, ou puder, ou quiser".

CAPÍTULO III

Experiências de assistentes sociais relacionadas ao sigilo na defesa dos direitos humanos

> *(...) acho que é mais um dever nosso procurar admirar*
> *e conhecer as coisas, que querer ensiná-las aos outros.*
> *Mas as duas coisas poderiam andar juntas.*
>
> Vincent Van Gogh

Uma frase muito pronunciada no Serviço Social, especialmente pelos docentes, em resposta a solicitações de alunos por modelos ou referências a procedimentos e condutas, tem início ou encerra-se com a seguinte assertiva: "Não há receita de bolo". Na graduação, quando a resposta começava dessa forma, gerava certa decepção, pois, na condição de formandos, tínhamos a expectativa de receber algumas respostas definitivas.

A armadilha está em buscar respostas como se os caminhos possíveis fossem um teste de dupla escolha, no qual houvesse a opção de assinalar "eu posso" ou "eu não posso" efetuar dado procedimento ou optar por determinada conduta. No curso da trajetória profissional, passamos a invocar a mesma fala. Convencemo-nos de que não é possível ter respostas e soluções prontas que se encaixem, *a priori*, em muitas inquietações, exigindo-nos a análise de cada situação, com o levantamento de seus elementos, suas relações, sujeitos envolvidos, correlação de força, o que possibilita estabelecer parcerias e avaliar as repercussões de cada possível escolha.

Ao seguir a mesma linha de análise, compreendemos que o Código de Ética não é um manual fechado e imutável de regras e condutas morais. O seu conteúdo nem sempre será portador de definições explícitas, já que as situações concretas carregam particularidades. Corremos o risco de limitar uma decisão por tentar encaixar um regramento a situações complexas, transformando-o em um instrumento abstrato e descolado da realidade.

Mas é possível, mediante a articulação das situações aos princípios do Código, delinear o horizonte de uma ação, considerando como ponto de partida os caminhos que indicarão as alternativas mais construtivas, no seu resultado, visando conjugar avanços às condições de vida da população.

Por sua gravidade, determinadas situações estão imbuídas de preceitos contrários ao Código de Ética e configuram-se em práticas irregulares, restando poucas dúvidas quanto ao seu descumprimento e de legislações gerais, como as previstas no artigo 9°/ "a": "emprestar seu nome e registro profissional a firmas, organizações ou empresas para simulação do exercício efetivo do Serviço Social"; 8/ "e": "empregar com transparência as verbas sob a sua responsabilidade, de acordo com os interesses e necessidades coletivas dos/as usuários/as".

Os profissionais envolvidos em situações que apresentam dilemas às escolhas éticas dispõem da condição de fazer uma análise mais completa, agregando os elementos que as constituem por vivenciá-las cotidianamente. Terceirizar as análises/decisões para imputar a outros o que/como fazer tem forte probabilidade de comprometer o percurso das escolhas — não descartando as contribuições de terceiros nas reflexões sobre as opções. Ao falar em desafios profissionais, estamos tratando de demandas ímpares, ao envolver a vida concreta de pessoas e em momentos de dificuldades.

Para Paulo Freire (Apud Barreto, 2004, p. 53), "o erro na verdade não é ter um certo ponto de vista, mas absolutizá-lo e desconhecer que, mesmo do acerto de seu ponto de vista, é possível que a razão ética nem sempre esteja com ele". Não há receitas, nem absolutizações, mas é possível indicar elementos que contribuam com as reflexões na vivência de dilemas. E de fato inúmeras situações suscitam muitas dúvidas. A realidade é bastante complexa e dinâmica e impõe-nos profundos desafios, enfrentamentos e firmeza para assumir determinadas posições, levando em conta, ainda, o momento de aprofundamento do conservadorismo da nossa, desde sempre, conservadora sociedade nos seus costumes, quando não reacionária e até com inclinação ou concretização de posições e práticas protofascistas.

Fazemos aqui um parêntese nessa questão, destacando que há posições diferentes para afirmar se estamos vivendo, de fato, a ampliação do conservadorismo. De toda forma, é inquestionável que vivenciamos uma conjuntura com mais exposição de ideias reacionárias. O fato de as pessoas se sentirem mais à vontade para manifestar publicamente posições preconceituosas já denota que fomos afetados por ideias conservadoras mais virulentas.

A alteridade, valor ético tão caro à construção de relações fraternas e comunitárias, tornou-se raridade em certas expressões ideológicas. Nem ao menos posturas respeitosas ou tolerantes têm sido possíveis creditar a grupos que se movem pelo ódio destilado "ao outro", por julgarem-nos diferentes de como pensam/vivem, com base em argumentos desprovidos de racionalidade.

São tempos de tamanha inflexão na civilidade das relações, a ponto de ter projetado no espectro reacionário da sociedade um discurso maniqueísta entre categorias polarizadas de um nível nunca antes visto. O debate minimamente fundamentado entre oponentes ideológicos, que se espera em uma sociedade democrática (mesmo que no aspecto formal), foi substituído por uma disputa fratricida, tornando as pessoas inimigas políticas (e pessoais) e não oponentes de ideias.

Tornou-se lugar-comum presenciarmos figuras da velha e da nova direita[1] (Gallego, 2018), públicas ou anônimas, denominar o campo político mais progressista como petralhas, vagabundos, esquerdopatas, bolivarianos, enquanto se autoproclamam patriotas, cidadãos de bem, na defesa dos valores da família e da religião, em uma polarização impermeável a mediações, pela postura de indisposição à reflexão, já que o discurso se apresenta de modo sempre pronto, regado a dualismos no combate a ideias progressistas.

O ringue ideológico montado na cena atual ofusca a possibilidade da realização da ética, por ser inerente a tal dimensão, por exigência elementar, em tomarmos o sentido das manifestações da realidade por sua raiz, na busca dos significados dos fatos/ideias pelas suas determinações mais profundas, cujos fundamentos exprimem o sentido e as ramificações das questões que as comportam. Segundo Souza (2018):

> [...] essa direita que atua hoje é filha do casamento entre Rede Globo e Lava Jato, e Jair Bolsonaro é o filho mais legítimo dessa união. Ele é o mais perfeito representante dessa nova direita, uma direita fechada a argumentos, que descobriu a verdade dela: é punitivista, insegura, tem medo dos pobres e uma visão tão simplista do mundo — dividido entre bandidos e honestos — quanto uma criança de cinco anos. É uma bolha de extrema-direita que nunca tinha existido entre a gente.

Acontecimentos representativos recentes desse *modus operandi* (no ano de 2017), cuja tática de causar tensionamentos, impactando a opinião pública, por ganhar repercussão midiática instantânea, as chamadas "guerras culturais" (Gallego et al., 2017), foram observados

---

1. O conceito de nova direita, que apresenta pensamento conservador mais extremista, não remete a novas ideias. Assenta-se em novas formas de representação cultural e política, expandindo o foco da defesa da família patriarcal e da heteronormatividade sexual com o uso de violentas táticas contra intelectuais e artistas que se colocam publicamente em defesa da diversidade de comportamento e de proposituras progressistas. Diferencia-se da direita liberal por esta ser mais moderada em questões de âmbito privado/comportamental. Ambas se unem em posições político-econômicas, haja vista o apoio à Operação Lava Jato e ao esquema arquitetado, "o grande acordo nacional", que resultou no Golpe.

em manifestações contrárias a exposições culturais, como a *Queermuseu* Santander, em Porto Alegre (sobre diversidade de gênero e orientação sexual), a exposição do Museu de Arte Moderna (MAM) de São Paulo (uma das instalações permitia a interação do público com um artista nu), a participação da teórica Judith Butler no seminário "Os fins da democracia", no Sesc Pompeia, em São Paulo, além de vedações judiciais à exibição de peças teatrais com artistas/personagens transexuais.

Tal discurso contém um arraigado moralismo e o recorrente discurso apelativo de proteção dos valores da família contra a (suposta) pedofilia e outras justificativas congêneres, quando paralelamente não se observam empenho na contestação nem engajamento político contra a realidade social de crianças e adolescentes em situação de absoluta pobreza, que vivem nas ruas, vítimas contumazes da pedofilia (de fato), da prostituição infantil e da violência rotineira das periferias, decorrentes da ausência de oportunidades. Como resume José Saramago: "Não é a pornografia que é obscena, é a fome que é obscena".

Esse tipo de pensamento se expressa no reavivamento de pautas reacionárias. Em termos de movimentação do legislativo federal e de decisões judiciais, contando com o protagonismo e o amplo apoio da bancada conservadora (a já citada bancada BBBB), têm tramitado projetos de leis conservadores visando regredir os já tímidos direitos no campo da orientação sexual e saúde reprodutiva, como o Estatuto da Família, a Bolsa Estupro e a cura gay, aprofundando o controle patriarcal do corpo das mulheres e de gays e lésbicas.

A conjugação da privatização do Estado (é mais correto dizer a entrega de bandeja da riqueza nacional) a práticas de controle da vida e dos comportamentos atinge em cheio a população empobrecida, como se confirma com as propositoras legislativas ou aprovação de leis sobre as relações familiares: Estatuto da Adoção, Projeto de Lei da Alienação Parental, Depoimento sem Dano, decisões judiciais sobre a maternidade e o uso de substâncias psicoativas, completadas com temáticas que versam sobre a segurança pública.

É evidente que as pautas que compõem essa conjuntura regressiva de ideias e direitos sociais manifestam-se diretamente ou como desdobramento na agenda ético-política da categoria, requerendo atuação permanente das entidades representativas, pois os profissionais se veem no meio do fogo cruzado dos tensionamentos que novas e arcaicas demandas exigem, com fulcro em questões que tematizam os direitos humanos, muitas delas se relacionando com o mote do sigilo profissional.

Diante de tantos desafios, evocamos a exigência do permanente exercício da reflexão ética enquanto cidadãos e profissionais, ainda mais em uma conjuntura tão sombria, assaltada por golpes sendo sobrepostos, originários de um projeto estratégico de ampliação da concentração dos poderes político e econômico, amparado, em muitos aspectos, por posturas preconceituosas, com o "ovo da serpente" do fascismo rondando nossas relações.

1. Elementos introdutórios às especificidades do sigilo

A intenção inicial do presente estudo era levantar informações dos profissionais por área de atuação, das principais políticas públicas e alguns dos seus segmentos, especialmente as que mais indicassem absorver situações polêmicas em relação ao sigilo profissional. Concluímos as entrevistas com quatorze profissionais (com exceção de um equipamento no estado do Rio de Janeiro, o Creas, os demais estavam sediados no estado de São Paulo).

Tal estudo corresponde aos dados coletados nos seguintes serviços/equipamentos: Tribunal de Justiça Estadual; Medidas Socioeducativas: Internação (Fundação Centro de Atendimento Socioeducativo ao Adolescente — Fundação Casa); Ministério Público Estadual; Defensoria Pública Estadual; Sistema Prisional Estadual: Centro de Progressão Penitenciária Feminino; Previdência Social; Secretaria Municipal do Trabalho: Programa De Braços Abertos (atendimento a pessoas em uso abusivo de substâncias psicoativas); Saúde: Maternidade e Oncologia; Ambulatório de Identidade de Gênero e Orientação Sexual

(Programa Transexualizador); Centro de Atenção Psicossocial Álcool e Drogas (CAPSAD); Assistência Médica Ambulatorial/Unidade Básica de Saúde (AMA/UBS Integrada); Assistência Social: dois Centros de Referência de Assistência Social (Cras); dois Centros de Referência Especializado de Assistência Social (Creas) — uma profissional relatou sua experiência em um Cras e em um Creas.

Contempla um grupo representativo de profissionais por abarcar certa diversidade de áreas. Para o estudo do sigilo, são inserções profissionais com possibilidades de apontar questões instigantes vivenciadas no cotidiano da profissão. A ideia do recorte nos conflitos sobre o sigilo avançou para outras informações que o complementam, a fim de compor um panorama mais completo da realidade profissional e não a fragmentar mediante um complexo objeto de estudo. Assim, em caráter introdutório, abordaremos a perspectiva teórica, a formação e a capacitação continuada, o plano de trabalho e atribuições profissionais.

A maioria das entrevistadas fundamentou o trabalho profissional na teoria social crítica. Chama-nos a atenção o mestre José Paulo Netto: "Quem erra na análise, erra na ação". A apreensão da realidade fundada em tal referencial, por incorporar a totalidade dos aspectos que envolvem uma dada categoria de análise pela essência, dispõe dos requisitos para apontar os caminhos mais assertivos, de modo crítico, na perspectiva de uma análise e ação direcionadas à defesa dos direitos da classe trabalhadora.

Para ilustrar tal situação, citamos a fala de uma profissional para a qual a teoria social crítica norteia a sua "compreensão dos determinantes da prática social em que atuamos", ponderando ser necessário "ter clareza das relações de forças presentes", já que, por atuar na esfera pública, entende que cada gestão confere um novo direcionamento político com que temos que lidar. Outra profissional destaca que toda a "formação profissional, acumulada em torno do referencial teórico-metodológico marxista", foi requisitada na sua trajetória.

Apenas em tese, adotar a perspectiva teórica crítica automaticamente não chancela uma prática emancipatória. A coerência do discurso e da atuação profissional se vislumbra no resultado concreto das escolhas. Citamos uma fala que compreende ainda se manter um perfil profissional conservador:

> A meu ver, ainda persiste a visão de um Serviço Social de cunho conservador, hoje mais evidente por conta da atual conjuntura. Antes era velado. Um exemplo são as bibliografias dos concursos públicos em que é possível analisar o quão conservador é o direcionamento da demanda institucional.

Há quem tenha mencionado observar, em especial no contato com a categoria da área da socioeducação, "muita fragilidade na defesa do projeto ético-político da profissão", deparando-se com práticas que não fazem a análise da conjuntura em defesa da classe trabalhadora. Considera que, com o avanço do conservadorismo "e a precarização do ensino superior, chegam ao mercado de trabalho profissionais com fragilidade teórico-metodológica para fundamentar seu posicionamento diante dos Poderes Executivo e Judiciário".

O engajamento nas frentes de defesa do ensino presencial, público, laico e de qualidade, para qualquer formação e todos os níveis da educação, deve ser uma das tarefas da categoria, pela disputa da educação como capital cultural. O acesso ao conhecimento/formação de qualidade (e, por extensão, o trabalho profissional qualificado) inscreve-se na disputa do poder pela confluência na formação do *ethos* cultural e político da sociedade.

À elite e às camadas da classe média é reservado o ensino de alto nível, de onde emerge a apropriação da gestão dos espaços públicos e privados que dão a direção micro e a macro à ordem societária — com predomínio do sexo masculino, heterossexual e branco, representando o perfil do poder econômico. Enquanto isso, o financiamento à educação pública sofre cortes sistemáticos, da educação infantil à pós-graduação e na ciência e tecnologia, além da reforma no ensino médio, descaracterizando a base de uma formação humanista, generalista e crítica que possibilite formar cidadãos mais preparados e conscientes.

Temos visto estudantes ingressarem nas universidades sem o preparo da educação básica, em desvantagem em relação ao acúmulo do conhecimento generalista, o que gera desmotivação e pode comprometer a qualidade da formação superior, que requer minimamente, na qualidade de especialistas de uma área, a capacidade de expor verbal e formalmente ideias, produzir relatórios e opiniões técnicas, estando agregada à necessária leitura crítica da realidade.

Corremos o risco de ter dois perfis no Serviço Social na mesma temporalidade histórica. Não que até então houvesse homogeneidade na adesão ao seu projeto crítico. Disputas ideológicas sempre se deram no cerne dos movimentos estudantis e da categoria, prevalecendo, em cada momento, a condução teórica e normativa da corrente de pensamento que conforma a hegemonia na direção ético-política da profissão. O que nos parece novidade são as diferenças nos perfis que extrapolam o aspecto ideológico.

O perfil tecnicista, que dispensa o rigor da fundamentação teórica e ética, ainda presente no senso comum ao falar da profissão, é um nicho de mercado para dispor de profissionais sem senso crítico mais apurado, aquiescido às requisições institucionais, muitas delas cerceadoras de direitos. Pela distinção do rigor nas formações — exponenciado na EaD[2] e presente em parte do ensino presencial privado —, o preparo técnico-operativo também é fragilizado. Certos projetos pedagógicos destoam da formação ancorada nos fundamentos acumulados nos conteúdos das diretrizes curriculares em vigência.

Houve destaque à recorrência dos "jargões" na profissão, quando se faz referência ao Projeto Ético-Político Profissional (PEPP). Corremos o risco de esvaziar os significados de ideias, mediante falas panfletárias e abstratas, banalizando as concepções construídas no coletivo com aprofundamento. Mais temeroso é quando se lança mão dos termos

---

2. Não a interpretando pela individualização da crítica a discentes e docentes, que muitas vezes, sem outra alternativa, optam pela modalidade da EaD, principalmente em regiões com pouca oferta de cursos. A crítica tem a marca da posição política, em defesa do ensino público, em geral, e com qualidade.

sem concretizar, de fato, as proposituras críticas que os conformam, esvaziando-as de sentido. De acordo com Oliveira (2018, p. 286), "[...] o nó está no uso do instrumental operativo sob o manto ideológico enquadrado numa moldura moral e moralista".

Sintetizamos com uma fala, por relacionar, na análise sobre a qualidade da formação, a necessária apropriação de conteúdos da área/segmento de inserção, sendo compreendida como condição para alcançar o "respeito à profissão", ainda que os profissionais devam ter "muita clareza quanto ao seu papel, de modo que não lhes faltem argumentos para defender os sujeitos de sua ação profissional, sua profissão e o sigilo". O reconhecimento institucional da identidade profissional vincula-se à exigência do conhecimento e da apropriação dos fundamentos da profissão, pela categoria, de modo a interpretar e expor os seus significados e especificidade.

Quanto à capacitação continuada, todas as entrevistadas manifestaram ser fundamental garantir a concretização desse compromisso ético para o trabalho qualificado. Uma das falas defende o processo de formação "partindo do princípio de que a educação deve ser um processo continuado e permanente de formação para a vida e práxis na dinâmica da realidade social".

Para outra entrevistada, "a atuação em uma instituição onde se busca apenas a resolução jurídica dos conflitos e que não atua no cerne dos problemas sociais é um grande desafio", exigindo "formação permanente e a capacidade de realizar mediações, a fim de que o trabalho desenvolvido tenha como norte a garantia e a efetivação dos direitos das pessoas".

Tal discurso nos direciona à ênfase, própria às instituições do mundo jurídico, pela descoberta dos fatos, personificando a imputação de responsabilidades. Conforme uma entrevistada, a atuação do órgão em que atua é marcada pela "busca de uma verdade (considerada absoluta) em um cenário de disputa entre o lícito e o ilícito, todavia estamos falando da vida de pessoas".

Nesse tipo de espaço emergem situações típicas de controle social, com requisições e decisões, por exemplo, de acolhimento institucional de crianças e adolescentes, acarretando impactos profundos à vida das pessoas. Daí, a exigência de rigor na inserção da profissão, em condições de desvelar não a "verdade" de situações "inadequadas" em si, mas das determinações sociais que geram as condições objetivas em que os indivíduos são enredados.

A maioria das entrevistadas considera que a capacitação oferecida pela instituição é insuficiente para suprir as necessidades da especificidade da atuação. Em alguns espaços, é inexistente. Há instituições que não fornecem capacitação, mas há abertura para que os profissionais se organizem e demandem temas para os momentos de capacitação. Houve destaque à importância das reivindicações coletivas para algumas conquistas:

> Somente na pressão e no coletivo que conquistamos, recentemente, algumas capacitações específicas, como um curso de laudos e pareceres sociais e supervisão profissional. Tudo isso em meio a precárias condições de trabalho, pois muitos profissionais não participam destas atividades por falta de tempo, engolidos pelo trabalho excessivo.

Identificamos uma situação em que uma dada instituição custeia cursos de interesse dos profissionais, mas somente se autorizados por suas chefias diretas, o que tem sido o principal entrave. Há instituições que contam com uma escola de formação, mas os temas, em geral, são voltados aos operadores do direito, camada mais elitizada da instituição, de modo que não basta consagrar um direito se a sua efetivação depende de chancela ou atende somente parte dos profissionais. Torna-se um direito conquistado pela metade, requerendo organização coletiva na construção de critérios objetivos, transparentes e que contemple o interesse da totalidade dos trabalhadores.

Há também instituições que oferecem momentos de capacitação só para cumprir exigências de convênio com órgãos públicos, desvinculados de projetos, não garantindo continuidade às questões que merecem aprofundamento.

Independentemente da condição oferecida pelas instituições, as profissionais têm se capacitado. Conhecem e fazem uso de uma gama de normativas da profissão e das políticas públicas, o que é fundamental para a construção de posicionamentos e enfrentamento das inadequações. Uma instituição pretendia contratar um número elevado de estagiários de Serviço Social para desempenhar atividades incompatíveis, o que exigiu da equipe uma fundamentação técnica e normativa, tendo conseguido alterar a proposta.

Uma das saídas apontadas por uma profissional é avançarmos na proposta de capacitação, que comumente tem sido pensada de forma isolada pelas instituições, em um modelo voltado internamente aos seus quadros, visando estender a qualificação continuada aos trabalhadores da rede, na realização de atividades na educação em direitos.

Destacamos a importância da capacitação, ainda, com vistas a atingirmos capacidade crítica e adensamento de subsídios para a articulação com áreas diversas e atores externos ao lócus de inserção, já que, em muitos vínculos, há previsão, entre as atribuições, de ações de monitoramento a instituições que demandam acuidade na questão dos direitos humanos, como comunidades terapêuticas, hospitais psiquiátricos, centros de acolhida, podendo ser identificada violação de direitos.

Nesse sentido, uma profissional ressalta que trabalhar em uma instituição cuja função é verificar o funcionamento de entidades de tal natureza implica acessar a "caixa-preta do Estado, em sua forma mais cruel", o que exige, segundo sua avaliação, qualificar cada vez mais a nossa formação, implementar a interlocução com movimentos sociais e também efetivar parcerias internamente, na instituição em que atuamos.

Não assumir atribuições às quais não esteja capacitado é fundamental no exercício profissional eticamente comprometido. Nesse aspecto da dimensão ética, importa a avaliação das reais condições éticas e técnicas, individuais e coletivas, ao assumir atividades, especialmente as mais complexas. Em uma das falas, observamos que a equipe de Serviço Social, cuja atuação prevê suporte aos operadores do direito, tem indicado a contratação de assessoria de especialistas quando há demandas mais específicas.

Em um dos exemplos, quanto ao acesso ao vestibular por pessoas com deficiência auditiva, a instituição concordou em buscar o auxílio de uma especialista, tendo havido resolutividade extrajudicial, demonstrando o potencial de uma formação qualificada, respaldando uma gama de ações a serem assumidas, ao mesmo tempo que cabe ao processo de formação e aos profissionais demarcarem os limites até onde podem adentrar. Acima de tudo, importa a prevalência da atenção aos direitos coletivos, de modo a buscar a sua realização com o maior rigor possível nas dimensões técnicas e ético-políticas.

O grande desafio na atual conjuntura de extorsão de direitos e desagregação das relações no plano democrático, com a intensificação de exigências na realidade dos trabalhadores, difundindo-se no âmbito da subjetividade, nos diversos contextos em que se insere a categoria, é assegurar a realização do projeto hegemônico da profissão, o que significa remar contra a maré, ação que tem aflorado com acentuado conservadorismo, o que nos faz lembrar de Cazuza: "Nadando contra a corrente, só pra exercitar...".

Não basta a defesa abstrata do que ficou referenciado com a alcunha de PEPP. É fundamental compreendê-la, mas, sobretudo, internalizar os valores que a informam, de modo a traduzi-los em estratégias de intervenção. Quando consubstanciadas em planos de trabalho, serão mais permeáveis a resultados positivos, havendo mais probabilidade de divulgar as intencionalidades, justificativas e especificidade do trabalho, facilitando também a interlocução com a população. Recorremos aos preceitos do Código de Ética:

> Art. 5º São deveres do/a assistente social nas suas relações com os/as usuários/as:
> h) esclarecer aos/às usuários/as, ao iniciar o trabalho, sobre os objetivos e a amplitude de sua atuação profissional.
> f) fornecer à população usuária, quando solicitado, informações concernentes ao trabalho desenvolvido pelo Serviço Social e as suas conclusões, resguardado o sigilo profissional.

O dever de esclarecer a finalidade e a abrangência do trabalho desenvolvido requer não só prestar informações em uma posição verticalizada, mas também vislumbrar a interlocução em uma atuação que contemple a avaliação conjunta dos seus propósitos e resultados a serem alcançadas. O plano de trabalho, pela importância de um arcabouço que defina as ações e apresente a profissão à instituição e a outros sujeitos, é uma estratégia essencial.

A análise das atribuições das entrevistadas evidencia conhecimento das especificidades da profissão. Em sua maioria, dispõem de plano de trabalho específico ou estão envolvidas na sua construção. Mesmo quando as atribuições estão delimitadas pela instituição, por normativas ou protocolos, têm discernimento do papel profissional. Exemplificamos tal caso com as atribuições de uma profissional, lotada numa Unidade Básica de Saúde, com pouco tempo de formação e experiência (com especialização na sua respectiva área). Mesclam-se às ações rotineiras, próprias à área, outras mais amplas, como articulação com a rede, participação em grupos e no conselho gestor, elaboração e implementação de capacitação dos servidores sobre prevenção de violência etc.

Ela avalia que deveria incrementar as atribuições, por meio de ações, como "captar e capacitar/sensibilizar usuários sobre a temática do controle social", mas se viu diante de limites, por estar envolta em inúmeras demandas e pela dificuldade da instituição de compreender inovações. Como ela indica consciência da relevância de intervenções políticas em meio à população, depreendemos que criará estratégias para efetivar abordagens "miúdas" e, conforme for acumulando forças, agregará projetos mais amplos no plano de ação.

Ao problematizar o registro na atuação na área da saúde (cujas informações/análises podem ser correlacionadas a outras áreas), Matos (2013, p. 120) aborda os instrumentais que o compõe, dentre eles o plano de trabalho, compreendendo tratar-se de um documento a ser construído coletivamente.

No fazer reflexivo crítico do trabalho da totalidade das profissionais entrevistadas, denota-se um diferencial no desempenho de atribuições genéricas. Destacamos uma fala, em relação à supervisão de entidades conveniadas com o poder público, na política da assistência social:

> [...] não existe atribuição privativa no momento da supervisão, pois ela pode ser desenvolvida tanto pelo psicólogo, pedagogo ou assistente social. Entretanto, as prioridades, compreensão e desenvolvimento da supervisão são bem direcionadas pelo acúmulo de conhecimento na área do Serviço Social: o entendimento sobre o que é política pública, família, assistência social, enfim, tem como base uma reflexão teórica crítica, resguardado por uma dimensão ético-política que visa às garantias dos direitos sociais e da justiça social.

Há uma gama de ações, como elaboração de planejamento, gestão e monitoramento de programas, políticas e serviços, que integra as nossas competências, mas não são atribuições privativas (se não estiverem garantidas em planos de trabalho específicos), podendo ser assumidas por outras formações. Concordamos com a análise da profissional, levando em conta que, mesmo havendo legalidade na indistinção formal em se assumir dadas competências, na prática há diferenças de compreensão e abordagem, dado que o agir é ancorado nas fundamentações teórico-metodológicas e ético-políticas que esculpem o processo de formação das profissões.

Por sua trajetória histórica vinculada à atuação nas políticas sociais, particularmente a assistência social, na sua gênese, o Serviço Social deteve por amplo período o predomínio do seu conhecimento científico, acumulando um cabedal ético-político e técnico sem precedentes, engendrando, nas contradições particulares aos *loci* de inserção, estratégias ao seu enfrentamento (e, ao mesmo tempo, de apaziguamento) das demandas postas pelo processo de reprodução da força de trabalho.

Quando as políticas sociais transpuseram os espaços de filantropia, conquistando um nicho lucrativo no terceiro setor, pela via do fundo público e, no meio empresarial, ao acessar vultosas isenções fiscais, que ainda por cima dão retorno (financeiro e moral), por meio de atrativas propagandas com *slogans* altruístas ("fazer o bem"), a sua gestão ganhou um outro *status*, gerando disputa entre as áreas, de cargos do alto escalão aos de menor visibilidade, contando com a especialização de diversas graduações.

Entre as atribuições das entrevistadas, a maioria apresenta marcada vinculação na articulação com os serviços e atores da rede em que estão inseridas. Uma delas referiu desempenhar ações na construção de um programa, incorporando um grupo de pessoas da educação; na organização e participação em audiências públicas; em reuniões da rede de políticas públicas; visitas institucionais; reuniões com profissionais e gestores municipais e estadual. Algumas atribuições foram identificadas em outras falas: assessoria e consultoria aos movimentos sociais, às instituições governamentais e às organizações da sociedade civil, instrumentalizando-os em matéria de Previdência Social; interlocução com órgãos de defesa e garantia de direitos, acionando-os quando necessário: Conselho Tutelar, Ministério Público, Defensoria Pública etc.

O empenho das entrevistadas em conjugar as demandas institucionais, geralmente já previstas em protocolos e normas quando ingressam nos diferentes espaços sócio-ocupacionais, com ações abrangendo sujeitos e espaços institucionais da rede de serviços, além de movimentos sociais, denota compromisso com os direitos dos usuários e a resolução das demandas, realizando um trabalho na perspectiva da totalidade.

Nas explanações das atribuições, ganhou destaque a atuação em equipe multidisciplinar. O caminho da atuação com outros pares possibilita desvendar, de forma mais ampla, os complexos da realidade social. É notório que, pela leitura crítica e não fragmentada dos contextos sócio-históricos, intenta-se a compreensão da sua totalidade. Estamos considerando um patamar para além de tal condição: não só da análise teórica da realidade em várias dimensões, mas da abordagem da sua concretude, teórica e prática, sob diversas perspectivas, ao submeter as refrações da questão social, de maneira integrada, às várias áreas do saber, voltadas à intervenção de um mesmo campo/objeto do conhecimento, o que resultará em um salto qualitativo.

Na fala de uma profissional, observam-se lacunas ao abordar a atuação multidisciplinar, por reconhecer que "mesmo com o alinhamento em prol da defesa dos assistidos, há uma relação hierárquica entre os saberes, neste caso do direito, em relação às demais profissões". Historicamente, profissionais de outras áreas têm dificuldade de atuar em equipe multidisciplinar, em condições de igualdade, na partilha de saberes. Isso se explica, em parte, pela cultura da hierarquização institucional do conhecimento, derivando na subalternização de profissões, de modo marcante as que se relacionam diretamente com as expressões da questão social.

Valemo-nos, à partida, da posição de Iamamoto (1998), em sua análise da perspectiva endógena de compreensão da profissão, pela qual o Serviço Social se autoexplica, desconsiderando as relações socioeconômicas que justificaram a sua constituição e transformação. Compreendemos que a profissão ainda carece superar, de forma mais consistente, seu endogenismo em relação à construção de relações, interna e externamente, sobre o seu fazer, ou seja, com outras áreas do mesmo lócus de atuação e os sujeitos da rede, de forma mais ampla e em uma perspectiva crítica.

Destacamos, por fim, as atribuições das entrevistadas que indicam guardar mais complexidade na defesa dos direitos humanos da população atendida, questão que tem centralidade no presente estudo, por traduzir mais diretamente a perspectiva de profissão presente no Código de Ética — entendendo que quaisquer ações e condutas profissionais na defesa dos direitos dos usuários fortalecem os direitos humanos, o que, sem dúvida, contempla todas as atribuições e atuações relacionadas até então.

Identificamos, a título de exemplo, as seguintes atuações: compor equipes de trabalho visando à garantia dos direitos das mulheres presas; promover atividades em grupo com mulheres em situação de prisão; defender e difundir o ideário relacionado aos direitos humanos e garantias fundamentais; promover reuniões técnicas de equipe para discutir demandas e fortalecer direitos; promover a saúde do trabalhador; favorecer a entrada de visitantes no interior da unidade prisional; estimular as participações familiar e comunitária no âmbito do encarceramento; promover discussões acerca da política de encarceramento. Segundo uma das entrevistadas, tais atuações estão voltadas à "defesa intransigente dos direitos humanos através de um discurso contínuo e conectado aos seus princípios".

Em relação à política da assistência social, relacionamos a atuação na orientação e no acompanhamento de famílias com um ou mais de seus membros em situação de ameaça ou violação de direitos: abuso sexual de crianças e adolescentes; cumprimento de medida socioeducativa em meio aberto; mulheres em situação de violência doméstica de gênero; negligência relacionada a pessoas com deficiência, idosos, entre outros.

A profissional que atua na política de drogas refere atuação com vistas a uma comunicação que assegure à população o acesso a informações dos direitos dos trabalhadores; acolhimento em situação de precariedade social e uso abusivo de substâncias psicoativas; oficinas e eventos temáticos; ações intersetoriais; atuações para qualificação profissional a pessoas com deficiência, doença ou que sofreram acidente de trabalho; contribuição para elaboração e implementação de gestão compartilhada.

Em uma maternidade, foi reportada atuação em questões vinculadas à violência sexual sofrida por gestantes. Na área sociojurídica, identificamos, entre outros, desenvolvimento de atividades específicas no cadastro de adoção nas Varas da Infância e Juventude; fiscalização de instituições e/ou programas que atendem crianças e adolescentes sob medida protetiva e/ou em cumprimento de medida socioeducativa. Ainda, constatamos a participação em eventos e formações da área sociojurídica, com inserção em grupos de discussão sobre a temática dos direitos humanos.

Em tempos de macabros retrocessos nas garantias constitucionais, quando somos convocados a nos portar em constante alerta às tentativas de retroalimentação de golpes, atuações que não se pautem por temáticas de interesse coletivo colidem com o fortalecimento dos direitos humanos.

Em um dos vínculos profissionais, com atuação em um serviço de alta complexidade na saúde, destacamos as atribuições de orientação e intervenções em situações de violação de direitos; elaboração de resumos e pôsteres para congressos sobre o programa; elaboração de material sobre a atuação no processo transexualizador para a sociedade em geral.

É salutar o enfoque à produção de conhecimento. A postura investigativa é inerente ao trabalho profissional. Ao elaborar um relatório, parecer social ou projeto, dispomos dessa capacidade intelectual na interlocução com a população atendida e a instituição. Podemos avançar nessa dimensão, quando levantamos dados da realidade institucional, da população atendida, entre outros, a fim de formatar os planos de ação calcados em demandas concretas.

Indo além, na intenção de valorizar o acúmulo individual e o coletivo, podemos adensar a postura investigativa em produções sobre o conhecimento adquirido, estratégias traçadas, ações empreendidas e seus resultados, visando divulgar experiências exitosas. Segundo o artigo 5º, "d" do Código, constitui dever "devolver as informações colhidas nos estudos e pesquisas aos/às usuários/as, no sentido de que estes possam usá-las para o fortalecimento dos seus interesses".

Nesse sentido, ganham destaque os eventos de mais projeção da categoria, como o Congresso Brasileiro de Assistentes Sociais (CBAS), o Encontro Nacional de Pesquisadores em Serviço Social (Enpess), encontros por área de atuação, produção de artigos de revistas, além da troca presencial em grupos de formação, núcleos, espaços nas universidades e fóruns diversos.

Os dados coletados indicam que as profissionais fazem uso de recursos diversos, superando ações burocráticas demandadas formalmente e imprimem um agir técnico e ético-político coerente com a defesa do projeto de profissão alicerçado na teoria social crítica. Afirmamos que nenhuma competência realizada individualmente tem o potencial de superar a construção coletiva.

2. Particularidades do sigilo no cotidiano profissional

Ao falarmos de sigilo como mediação particular de defesa dos direitos humanos e por compreendermos que se relaciona ao valor da liberdade, que tem na autonomia a condição inerente à sua realização, isso implica abarcar o binômio do direito/dever, dimensão necessária à realização da ética.

Todo direito alude a um dever, sem o qual se resumiria a privilégios, postura que se choca com a alteridade e a solidariedade de classe, o que supõe posições coletivas, considerando, no processo de construção, decorrências que contemplem os direitos universais. Ao parafrasear José Saramago, um humanista ao mesmo tempo otimista e realista dos limites da condição humana: "Toda a gente fala de direitos humanos e ninguém de deveres, talvez fosse uma boa ideia inventar um Dia de Deveres Humanos".

Uma atuação propositiva e criativa dispõe de uma margem maior de manobra nos contextos permeados pelas contradições que emergem da questão social, considerando ser possível forçar ou ao menos plantar ideias que futuramente ampliem as saídas, propiciando o rompimento das dificuldades mais consistentes e permitindo vislumbrar horizontes emancipatórios.

2.1 *O sigilo profissional e a atuação em equipe multiprofissional*

A atuação em equipe multidisciplinar aparece com frequência quando analisamos diversas dimensões do trabalho de assistentes sociais — foi objeto do segundo capítulo, por consistir em uma das questões em geral da categoria sobre o sigilo; surgiu no levantamento das atribuições profissionais nas entrevistas, pela correlação com outras profissões; e em relação às situações concretamente vivenciadas sobre o sigilo, agora abordadas.

A princípio, podemos vinculá-la ao ponto da capacitação, por se constituir em um dos aspectos fundamentais do exercício profissional nas dimensões técnica e ética. Uma entrevistada ressaltou a relevância de demonstrarmos competência e condições para construir com outras áreas, exemplificando tal situação com a produção de artigos, entre outras possibilidades de atuação conjunta.

Para integrarmos equipes em níveis de conhecimento compatíveis, a qualificação é uma exigência primordial, no que cabe ao desempenho das atividades que compõem nosso saber específico — e em inúmeros casos, a profissão se destaca em preparo técnico e ético-político em relação a outras áreas. Veja a discussão da competência construída por Rios (1994, p. 79):

> A ideia de relação, presente na vida humana, aponta-nos uma competência que, além de ser construída, é também *compartilhada*. Uma pessoa não pode ser humana sozinha (Berger, 1976, p. 108). Do mesmo modo, uma pessoa não pode ser competente sozinha. A qualidade de seu trabalho não depende apenas dela — define-se na relação com os outros. As condições para a realização de um trabalho competente estão na competência do profissional e na articulação dessa competência com os outros e com as circunstâncias.

Um dos desafios apontados na atuação em equipe multiprofissional é em relação ao que compartilhar. Entendemos que não é algo que possa ser definido *a priori*, devendo-se considerar a relação da equipe entre si; na relação com gestores em demandas indevidas, posturas autoritárias; a correlação de forças sobre posições contrárias aos nossos princípios éticos; a concepção de usuários e dos seus direitos; o diálogo com a população etc.

Dados essenciais devem ser compartilhados para garantir a partilha de saberes, da concepção de políticas, de valores e, sobretudo, a compreensão da totalidade da vida dos usuários, como nos aponta uma profissional: "Penso que a aproximação às outras áreas seja de suma importância, já que, notoriamente, sem articulação política, o trabalho social é inviabilizado".

Há o desafio de superar o poder técnico: o domínio sobre as informações de que cada profissão dispõe, por se tratar de especialistas nas suas formações. Pode denotar comodismo, ao se aventar o dever do sigilo como uma muleta à concentração de informações. Se não se propõe a qualificar nem refletir profundamente sobre cada situação, buscando compreender as suas dimensões e nuances, já que as decisões sobre o sigilo demandam capacidade crítica, torna-se mais fácil apoiar num dever, internalizando-o como absoluto.

Da mesma forma que não defendemos o sigilo como algo abstrato, que paira acima da realidade, exige-se acuidade no trato das informações, sobressaindo a defesa dos usuários. A profissional que atua na saúde ressaltou que as informações levantadas nos atendimentos somente são "compartilhadas com profissionais que estão atendendo conjuntamente. Os relatórios possuem apenas o necessário, evitando expor o relato feito pelo usuário. Nos atendimentos conjuntos, não há nenhuma dificuldade".

A experiência de uma profissional em um Creas ilustra os desafios da atuação em equipe, o que, para ela, consistia na mais importante questão em relação ao sigilo. Reportou que a equipe era formada por uma coordenadora (psicóloga), uma psicóloga, uma advogada e três assistentes sociais (nas quais residia a maior centralidade, pela especialização do trabalho e maior número de técnicas). O território era dividido entre as três; a psicóloga e a advogada eram responsáveis por todas as situações, atuando quando requisitadas.

As assistentes sociais eram as únicas técnicas que, na falta da parceira de profissão ou de outra área, realizavam visita domiciliar ou assinavam relatórios individualmente. Às vezes, essa centralidade dispensava certa "notoriedade" à profissão, mas permitia a "desresponsabilização" de outras áreas, que entendiam a multidisciplinariedade como todas atendendo juntas ao mesmo tempo. Em sua avaliação, por tratarem-se de profissionais com formações e Códigos de Ética diversos, isso gerava interferência "na condução de uma linha de trabalho durante o atendimento (de raciocínio, de intervenção etc.) e corroía qualquer possibilidade de garantia do sigilo".

Para ela, tudo indicava que, por ser uma cidade pequena, com relações conservadoras transversalizando a gestão pública, a chefia temia que algo dito nos atendimentos "fosse usado contra a própria técnica" e, na atuação conjunta, uma protegeria a outra. No cotidiano, significava castração da autonomia, tendo que lidar com dinâmicas de atendimento das quais discordava e com posicionamentos ideológicos dissonantes. Não conseguiu "garantir o atendimento única e exclusivamente com a assistente social e que o material produzido nestes atendimentos fosse de acesso apenas dos assistentes sociais".

Em alguns momentos, foi possível fazer atendimentos individualmente e, assim, dava continuidade, por não identificar, na maioria das vezes, demanda para o direito. A maior dificuldade residia nos atendimentos de medida socioeducativa, quando a advogada sempre decidia pelo atendimento conjunto, mesmo quando não era necessário. A fragilização do seu vínculo de trabalho (não tinha estabilidade como outros servidores) dificultava seus posicionamentos, entendendo que se tivesse outra condição, teria "mais força para combater essas práticas com o passar do tempo".

Precarização vivenciada por parcela expressiva de trabalhadores da área social, desprovidos de estabilidade, lotados nos mesmos espaços com profissionais estatutários, gera desigualdade no acesso a direitos, repercutindo na organização trabalhista e na coesão aos enfrentamentos, exigindo luta permanente dos trabalhadores por concurso público, fazendo cumprir as deliberações das Conferências de Assistência Social e as diretrizes da Norma Operacional Básica de Recursos Humanos do Suas.

Várias falas revelam desafios em conviver com visões de mundo diferentes. Para uma delas, isso não nos exime de investir na articulação com as demais áreas: "Não escolho parceiros. Há promotores com perspectivas diferentes, mas tenho que atuar com todas elas". Para outra, a atuação na área da infância traz dificuldades na discussão sobre o sigilo, por ser comum a perspectiva da doutrina menorista:

Na perspectiva de controle sobre os comportamentos dos adolescentes, agravado pela relação de "submissão" ao Poder Judiciário, que se manifesta através dos relatórios técnicos que trazem informações para além do que compete o trabalho socioeducativo. Ainda neste aspecto observo ser uma dificuldade esta relação com o Poder Judiciário, que por vezes desqualifica o trabalho dos profissionais e serviços socioassistenciais e de saúde que atuam na perspectiva garantista.

A doutrina menorista mantém-se ancorada no paradigma ético e jurídico conservador da legislação anterior ao ECA, o Código de Menores, ensejando acirradas disputas com a concepção garantista de direitos previstos no ECA, sob a doutrina da proteção integral, que compreende crianças e adolescentes como cidadãos de direitos e em processo de formação. Ao seguir a mesma linha de raciocínio, apontamos a disputa pelo garantismo dos princípios constitucionais, com destaque às discussões sobre a prisão na condenação em segunda instância; as conduções coercitivas e as detenções provisórias, em combate ao punitivismo dos aliados ao *modus operandi* ao estilo "Lava Jato".

Um dos grandes desafios nas questões afeitas ao sigilo na atuação em equipe multi, o consenso nos encaminhamentos, é tributado às escolhas ético-políticas que partem de compreensões de mundo, logo de direitos. Há cenários em que é possível, com diferenças ético-políticas, convergir em ações na defesa dos usuários. Se não há abertura para conciliar posturas, impondo-se retrocessos, e havendo condição de atuação autônoma, cabe reavaliar estratégias, retomando as parcerias quando se superam dificuldades.

2.2 Sigilo e informatização nos registros de atendimento

Uma preocupação foi identificada em várias falas sobre o sigilo, relacionada às condições de trabalho: a informatização nos registros de atendimento. É fato que não há como retroceder na evolução das tecnologias da informação. Atos ludistas[3] não estão, há alguns séculos, na agenda formal de luta dos trabalhadores, o que não anula as reivindicações pela manutenção de postos de trabalho, quando se amplia a produção pela incrementação de tecnologias.

A pauta de defesa do direito ao trabalho é tímida, quando se crê no ideário de uma sociedade com base em relações emancipadas, em que o trabalho proporcione a realização das capacidades humanas, no tempo necessário à reprodução da vida. Como conquista da humanidade, a tecnologia deveria proporcionar melhora na qualidade de vida: na saúde, no transporte, na construção, na indústria e na agricultura, liberando-nos da execução de processos de trabalho mais complexos, pesados e repetitivos.

Nesse mundo utópico, investiríamos o tão almejado tempo livre no desenvolvimento das potencialidades e fruições humano-genéricas. Lafargue[4], ainda tão atual, alertou que: "A paixão cega, perversa e homicida do trabalho transforma a máquina libertadora em instrumento de sujeição dos homens livres: a sua produtividade empobrece-os".

A realidade das condições de trabalho em uma sociedade que visa ampliar o lucro a qualquer custo, não se importando em lançar milhares de trabalhadores à miséria do desemprego, descartando-os da mesma forma que equipamentos obsoletos, nos faz amargar derrota nessa perspectiva.

A luta pela utilização das tecnologias da informação em favor da libertação dos trabalhadores não pode ser desmerecida. Foi uma das questões avaliadas pelas entrevistadas. Sobre o registro dos atendimentos, há locais em que se dá de duas formas: digital, em um sistema informatizado e compartilhado com as demais áreas, contendo

---

3. Movimento do início da era industrial, na Inglaterra, contrário à mecanização, em função da substituição de trabalhadores pelas máquinas, causando aumento do desemprego, apesar da ampliação da produção. Como estratégia de ação, empreendia-se a quebra das máquinas.

4. Paul Lafargue, genro de Marx, produziu em 1880 uma ode à fruição do tempo livre no manifesto "O direito à preguiça": "Introduzam o trabalho de fábrica, e adeus alegria, saúde, liberdade; adeus a tudo o que fez a vida bela e digna de ser vivida".

informações básicas sobre as intervenções realizadas, e por meio de registro físico em prontuários de atendimento.

Segundo uma profissional, a equipe tem discutido com a administração da instituição a transição do sistema para outro a ser acessado também por profissionais de nível médio, que realizam a triagem, não havendo motivos para impedir tal tipo de acesso, sob o cuidado de se registrar dados básicos.

No Instituto Nacional do Seguro Social (INSS), por supostas questões financeiras, não há informatização para a categoria, que registra dados em arquivo de texto e possui perfil com senha em equipamento específico do setor. A profissional reivindicou um sistema e questiona que o órgão faz intensa propaganda sobre a informatização dos serviços, mas a profissão não tem sido inserida no "pretenso processo de modernização". Avalia que a desvalorização da atuação da profissão e do usuário e a falta de compreensão quanto à necessidade do registro dos atendimentos (a atuação compreendida pela gestão como de "mera orientação"), são fatores que negligenciam a reivindicação dos profissionais.

Pondera que a "modernização dos meios de atendimento é positiva quando sua finalidade é integrar serviços e agilizar o atendimento", e, para a profissão, por se tratar de um serviço nacional, seria de "extrema valia um sistema de prontuário *on-line*, de acesso restrito aos assistentes sociais, no qual se registrem o atendimento, encaminhamentos, parecer social elaborado, recursos da comunidade etc.". Enquanto não conquista um sistema, a categoria tem utilizado os meios disponíveis para garantir o registro profissional, concluindo que "quando abrimos mão ou precarizamos esses registros, damos eco à visão banalizada que a sociedade — em especial nossos empregadores — têm dos mesmos, além de desprofissionalizar a nossa prática".

A atuação de uma profissional na política de assistência social, no início da instituição dos registros em sistemas informatizados, causou preocupação à equipe diante da "nova realidade". Ela avalia que trouxe outros desafios quanto ao sigilo, pois por meio de tais registros há o acompanhamento social das famílias em descumprimento de condicionalidades; se interrompe (ou não), por tempo determinado, uma sanção estabelecida, que também pode acarretar o bloqueio do recurso financeiro recebido pelos beneficiários.

Tal preocupação foi similar à de outra profissional em relação ao tratamento dado ao prontuário Suas: as informações podiam ser acessadas por todos os profissionais do serviço, sem problematizações, somando-se à postura da gestão que, ao receber a requisição de informações do Poder Judiciário ou pelo Ministério Público, não se recusava em explicitar os conteúdos completos do prontuário, sem consultar os profissionais responsáveis, em geral, de autoria de técnicos que não atuavam mais no serviço. A equipe "se recusava a elaborar um relatório com base em informações produzidas por terceiros e a gestão, então, xerocava o material e enviava-o ao órgão requisitante na íntegra".

Por causa desse conflito, a equipe decidiu instituir um "caderno paralelo" de anotações, anexado ao prontuário, tendo sido "inutilizado" antes de "ação controversa da gestão". Com isso, a profissional passou a anotar no prontuário Suas apenas a natureza do atendimento (visita domiciliar, contato telefônico, grupo de reflexão etc.) e o encaminhamento definido (agendamento de novo atendimento, encaminhamento a algum serviço da rede etc.), tendo o conteúdo da demanda e das abordagens ficado restrito ao "caderno paralelo".

Isso resolveu, em parte, a dificuldade nas situações de entrega da documentação a instituições externas, pois a equipe continuava acessando todo o material produzido, o que ainda considerava inadequado, e passou a adotar a anotação no caderno paralelo "apenas o estritamente necessário" e as reflexões permaneciam apenas em seus "pensamentos". Em sua avaliação:

> Penso que se voltar a trabalhar na Assistência Social na mesma situação, manterei um "arquivo pessoal" dos casos, que "extraviarei" quando sair do serviço. Os computadores do serviço não funcionavam muito bem. A coordenadora do serviço nos orientou a adquirir com os próprios meios um *pendrive* e gravar ali todos os relatórios para reduzir as possíveis

perdas geradas pelo uso de maquinários obsoletos. Conclusão: tenho em meu *pendrive* todos os meus relatórios produzidos em trabalho.

Reiteramos que independentemente de como é feito o registro, se totalmente em instrumento físico, digital ou em uma mescla de ambos, é imprescindível garantir a triagem do que é necessário constar, especialmente em prontuários únicos, mediante a avaliação do que, de fato, exige ser compartilhado para se efetivar a atuação em equipe multidisciplinar, em prol dos direitos da população.

Destaca-se uma preocupação presente na supervisão de um serviço que atendia a muitas situações provenientes do Judiciário: pela proximidade da assistência social com a realidade das famílias, as profissionais tinham "que tomar muito cuidado ético" com as informações registradas nos relatórios encaminhados para o Fórum e o Ministério Público. A entrevistada identificou "dificuldade dos profissionais em não registrar informações que poderiam fragilizar as famílias perante possíveis decisões do Judiciário de desacolhimento de crianças/adolescentes que estavam em serviço de acolhimento".

Ela exemplificou tal situação com a demanda de uma usuária que foi "julgada" pela sua vestimenta. Os relatórios seguiam para o Judiciário e não eram consideradas informações essenciais da sua vivência e conduta, que retratavam o seu compromisso com o bem-estar da criança abrigada e o "sofrimento que sentia por não estar com seu filho, a culpa que sentia por isso, enfim, tantos elementos relevantes eram reduzidos à roupa que a usuária usava". A profissional se recorda de questionar os profissionais sobre as informações realmente necessárias em registrar nos relatórios, observando "a questão do sigilo na elaboração de relatórios sociais, pois esse instrumento de trabalho poderia subsidiar decisões do Judiciário que mudariam totalmente a direção de vida dos sujeitos" atendidos pela política da assistência social.

Por mais que haja dificuldades, há questões a serem consideradas em relação aos prontuários eletrônicos, sejam por profissão, sejam únicos. Uma delas é a incontestável relevância, para os usuários das políticas sociais, em garantir que por meio do registro digital das informações prestadas não tenham que as repetir para várias profissionais e serviços, despendendo-se tempo e causando desgastes emocionais desnecessários. De igual relevância é a evolução das condições de vida que tal instrumento proporciona: sobre os atendimentos, encaminhamentos, programas e serviços utilizados, de modo a não perdermos dados importantes com o decorrer do tempo sobre o histórico de vida dos usuários em relação às políticas públicas e os equipamentos que as implementam.

As possibilidades de sistematização das informações via recursos eletrônicos são mais profícuas, permitindo gerar relatórios com dados compilados, estatísticas, elementos para subsidiar pesquisas e análises diversas: quanto ao perfil da população usuária, sobre os atendimentos, os acessos aos serviços, o impacto dos programas na vida das pessoas, proporcionando constantes avaliações e reordenamento dos programas.

2.3 Sigilo e condições de trabalho

A precarização das condições de trabalho, na figura do trabalho intermitente e do "negociado sobre o legislado", a sua mais cruel faceta, além do modelo da "uberização" dos vínculos como a sua inspiração, incursionando ferozmente no setor de serviços, atingiu os trabalhadores como um tsunami.

Se tanto temíamos os malefícios da flexibilização da CLT, combatendo as suas proposituras, eis que com a rápida implementação da contrarreforma trabalhista nos encontramos em um ponto de inflexão nos direitos que outrora não tínhamos como vislumbrar. Certos cenários, pelo nível de precariedade, ao atingir em especial os usuários das políticas sociais, beiram condições quase análogas às da escravidão, visto que desumanas, não dando cobertura às necessidades mais básicas de sobrevivência: o direito à moradia digna, à saúde, à alimentação e à locomoção torna-se impossível de ser suprido.

O rebaixamento das condições de trabalho da classe trabalhadora, integrada pela categoria, é um dado fulcral que se soma a outras lacunas, concorrendo para dificultar a preservação do sigilo, presente na realidade de várias profissionais entrevistadas. Identificamos as seguintes situações: espaços físicos adaptados e vulneráveis; chefias, quando não são da categoria, com dificuldade de entender a necessidade de arquivo próprio, com acesso restrito dos técnicos e a garantia de salas com privacidade para os atendimentos; interrupção do atendimento, quando é porta de entrada à sala de permanência.

Uma instituição federal retrata esse momento de recrudescimento de direitos sendo expressado com virulência nas políticas públicas. Na falta de iluminação na sala de atendimento em uma agência do INSS, a gestão sugeriu atender em uma sala sem porta e divisórias não fechadas por completo. Segundo a profissional, "o INSS é uma instituição que viola constantemente o sigilo dos seus cidadãos usuários". No atendimento nos guichês, não há privacidade e, em muitos locais, o espaço de espera fica próximo a estes, agravando a situação.

A técnica nos relatou condições inadequadas para outras áreas, como no atendimento da perícia médica: os consultórios têm "portas de fuga" de uma sala para outra, que permanecem abertas, e outros espaços sem sala privativa, como nos programas de reabilitação profissional (com ou sem assistente social). Avalia que "é notória a cultura institucional de desvalorização do sigilo e da normalização da exposição da vida do cidadão usuário".

Envoltos nessa cultura, "os servidores e gestores que não são assistentes sociais não compreendem por que nossa categoria luta tanto para garantir o sigilo, pois não veem isso como direito". Quando a categoria ingressou na instituição, no último concurso, toda a equipe fez reivindicações quanto aos espaços de atendimento, tendo obtido conquistas, mas não na sua totalidade, já que muitas vezes se garante o sigilo, mas sem as condições estruturais necessárias, como iluminação e ventilação.

Ao objetivar alterar as condições impróprias, todas as profissionais entrevistadas se mobilizaram[5] com estratégias próprias às necessidades de cada cenário (coadunando com as problematizações do segundo capítulo, quando discorremos sobre as condições de trabalho como uma das situações que dificultam a preservação do sigilo, na realidade geral da profissão), como articulação em equipe, formalização junto à chefia imediata, acionamento do Cress, comunicação ao Ministério Público e à Defensoria Pública.

Destacamos uma observação feita: em uma dada realidade, a profissão dispõe de condições de trabalho, o que não se estende a outras áreas e, da mesma forma, impacta no sigilo e nos direitos dos usuários. Essa posição é da maior relevância, considerando que a conduta ético-política pela defesa dos direitos humanos não ganha consistência se pensada de forma isolada.

2.4 Tensionamentos ético-políticos sobre o sigilo

Falar de desafios na profissão nos remete aos desafios que a população tem vivenciado, amargando empregos de baixa qualidade e com o desemprego estrutural e conjuntural atingindo grandes proporções. Tal cenário repercute diretamente na produção e reprodução da força de trabalho e da vida e tem no campo das políticas sociais, com suas contradições, uma das estratégias mais fecundas de acessar serviços e direitos fundamentais.

Com a mercantilização de quase todas as dimensões da vida, as políticas sociais, que deveriam ser garantidas como um nicho por excelência de responsabilidade do setor público, não ficaram imunes às investidas do mercado, tornando-se cada vez mais penoso afiançar

---

5. No primeiro capítulo, discutimos a Resolução CFESS 493/06, que dispõe sobre as condições éticas e técnicas do exercício profissional, e o art. 7º trata da conduta ética da categoria ante as condições inadequadas de trabalho — por esse motivo, não cabe repor os seus conteúdos.

direitos que outrora imaginávamos estabelecidos ao menos em níveis razoáveis de civilidade.

A inexorabilidade do refluxo dos direitos e das lutas, decorrente da fragilização dos laços de solidariedade de classe e das relações em geral, exponenciadas em momentos de ampliação da individualização, apresenta correlação com a crise econômica e de civilidade. Há grupos em bolhas ideológicas, afeitos a discursos maniqueístas, especialmente por membros da direita, que repôs valores reacionários com uma nova roupagem, marcados por uma virulência exposta em praça pública sem precedentes.

Nesse emaranhado de situações no campo aberto pelos meios digitais, televisivos, radiofônicos, impressos, a mídia não tem necessariamente criado, e sim reproduzido valores arraigados na sociedade e repostos em novo verniz. Tal cenário impede a construção democrática, que supõe a relação e a disputa de projetos. Quando não há debate, resta o ódio como motor da ação, na anulação preliminar do outro, admitindo somente retroceder, com o apoio dos poderes midiático, judiciário, parlamentar e da força do braço armado do Estado.

O desmonte das políticas sociais públicas (todas as suas mazelas se relacionam à vida da classe trabalhadora) tem interseção na realidade cotidiana das profissões que, em especial, lidam diretamente com a população espoliada dos seus direitos e subalternizada politicamente.

O reacionarismo ganha espaço, quando se acreditava estar mais circunscrito aos ambientes religiosos conservadores, impondo desdobramentos na formação e na profissão, uma vez que determinadas religiões têm avançado em práticas de filantropia, escalando fiéis para assumir funções, entre elas, no Serviço Social. Apoiamo-nos em Barroco (2012, p. 78), que nos alerta:

> O assistente social se depara com diferentes situações-limite, como suicídio, aborto, eutanásia, uso de drogas etc. Se não estiver aberto para aceitar o direito de escolha do outro, ou mesmo a possibilidade de o outro não ter alternativa, como poderá conviver com essas circunstâncias? Se

estiver absorto em atitudes preconcebidas e estereótipos, como poderá se relacionar com essas situações no trabalho profissional?

Independentemente das escolhas de profissão de fé no âmbito privado, não se colocando em questão o respeito à liberdade de crença e à manifestação religiosa, ressaltamos que na conduta profissional, em especial na relação com os usuários, não cabe interferência de religiões. O CFESS divulgou uma orientação (CFESS Manifesta, de janeiro de 2015: "Em defesa do Estado laico!" — acesso no site www.cfess.org.br, link Publicações) em cumprimento à deliberação:

> Promover o debate junto à categoria na perspectiva de um Serviço Social laico, combatendo as práticas e/ou condutas de cunho religioso no exercício profissional e orientar a categoria no sentido de alertar sobre o dever ético da adoção de conduta laica no exercício profissional (43º Encontro Nacional do Conjunto CFESS/Cress, 2014).

Profissionais que, dissonantes aos princípios da profissão, expressam suas opções religiosas na atuação confundem a livre manifestação de pensamento e religião, no âmbito privado, por meio de símbolos e imagens religiosas nos ambientes de trabalho; aposição de mensagens religiosas em carimbos e em documentos/assinaturas de e-mails institucionais; orações em atividades profissionais (reuniões em equipe, grupos de usuários); encaminhamento para cultos/afins visando à resolução de demandas etc.

Torna-se conflituoso estabelecer uma relação de empatia e confiança quando o profissional explicita de onde parte a sua posição. Como em termos de preceitos religiosos não há vazão à liberdade de escolha, na medida em que baseados em dogmas e não em fundamentos científicos, resta reduzida a liberdade de a população expor abertamente as suas demandas.

Partiremos de um exemplo complexo, mas factível: uma usuária em uma gravidez indesejada que acesse um serviço com apenas uma assistente social não terá um atendimento com qualidade ética e técnica se a profissional portar itens e símbolos religiosos (bíblia na mesa e uma cruz na sala, por exemplo). Citamos a deliberação do 38º Encontro Nacional CFESS/Cress, em 2009, em favor da descriminalização do aborto:

> Manifestar posição favorável à descriminalização do aborto e difundir a norma técnica do Ministério da Saúde sobre o aborto legal e seguro como um direito reprodutivo, constitutivo dos direitos humanos, que se exerce no contexto da laicidade do Estado, garantindo justiça social e igualdade de gênero.

Tal texto não significa restrição de escolha da categoria. Trata-se da liberdade de expressão das usuárias e do direito em dispor de abordagem com isenção de fundamentos de cunho religioso; condição essencial à defesa e à realização dos direitos humanos — há definição do Conjunto CFESS/Cress em defesa do Estado laico e da laicidade nos seus espaços físicos — vide Resolução CFESS n. 627/12.

A seguir, apresentaremos experiências mais complexas, em relação ao sigilo, vivenciadas no cotidiano profissional, em geral com os usuários — em continuidade à abordagem dos seus aspectos mais genéricos. A análise sobre o sigilo não se restringe à compreensão do seu significado nem dos seus elementos centrais, isoladamente, assim como nenhum dado da realidade fala por si. Há que se considerar a correlação com os dados da realidade das entrevistadas, já problematizados, o que dará um panorama mais abrangente das vivências no trabalho profissional delas sobre o sigilo.

Algumas falas traduzem dificuldades, dilemas e saídas encontradas em relação ao sigilo. No relato do atendimento de uma idosa, em acompanhamento no serviço de oncologia, ao ingressar no Serviço Social após encaminhamento da área médica para receber orientações sobre seus direitos decorrentes do diagnóstico, encontrava-se "bem lúcida, ativa e independente". Apresentou-se só, referindo ter dificuldade em conseguir acompanhantes na família: "O rapaz era bastante ocupado" e a "moça não ajuda em nada".

A profissional verbalizou a necessidade de a paciente ter acompanhante durante o tratamento (considerando também os seus efeitos colaterais), quando esta esclareceu que o filho disponibilizava um funcionário para levá-la e acompanhá-la quando necessário. Ela percebeu que a idosa não dava abertura para contatar a família, apresentando-se "conformada" com a aparente solidão. Considerando tratar-se de pessoa em idade avançada, a entrevistada avaliou a possibilidade de negligência, mas discutiu com a equipe e foi definido por respeitar a vontade da paciente em manter a situação como se apresentava.

Lembramos que o Estatuto do Idoso, Lei n. 10.741/03, prevê a comunicação de crimes contra o idoso (abordado no 1º capítulo, item 2.2.1: "A previsão de quebra do sigilo nas legislações gerais") pelos profissionais ou responsáveis pelos estabelecimentos de saúde; entendimento não estendido pela equipe à presente situação. Reportamo-nos ao que prevê o Código de Ética em situações que podem ser concebidas como de tal natureza:

> Art. 5º São deveres do/a assistente social nas suas relações com os/as usuários/as:
> b) garantir a plena informação e discussão sobre as possibilidades e consequências das situações apresentadas, respeitando democraticamente as decisões dos/as usuários/as, mesmo que sejam contrárias aos valores e às crenças individuais dos/as profissionais, resguardados os princípios deste Código.

A decisão da equipe expressa a dimensão do direito da população à escolha e como pode ser tênue a linha entre o respeito à autonomia dos usuários e o dever de encaminhar ações quando entendemos que, mesmo contrariando suas posições, a intenção é defender os direitos deles. Não se aventam posturas de tutela ou de autoritarismo, o que restaria configurado ao desrespeitar as decisões da população, após esgotados os passos de esclarecimento e reflexão dos seus direitos e as consequências das escolhas.

Outra dimensão do sigilo destacada pelas entrevistadas relaciona-se às ações com a rede de serviços. Uma delas citou a necessidade de preservar o sigilo das informações, ao acessar os processos judiciais, e o que não contribuir na defesa de direitos não deve ser partilhado. Dependendo do número de profissionais e da diversidade de posicionamentos em relação à garantia de direitos, tenta identificar os que terão mais acesso e vinculação aos usuários, numa perspectiva garantista, a exemplo das equipes de programas de proteção a crianças e adolescentes ameaçados de morte.

Em outra atuação, foi pautada a reflexão das situações vivenciadas pelos jovens e a doutrina da proteção integral em encontros para discutir demandas com profissionais de diversas áreas do sistema de proteção social, fortalecendo o alinhamento da rede para atuação na garantia de direitos. Momentos de discussão de estratégias para melhor encaminhamento "dos casos e diversas situações que envolvem demandas de cunho pessoal dos/as adolescentes e suas famílias são preservadas", de modo que "o sigilo dos atendimentos e o histórico das informações destes/as adolescentes devem ser preservados e garantidos, exceto nas situações previstas no próprio Código".

Ao seguir essa linha de raciocínio, destaca a importância de o Tribunal de Justiça manter os processos dos adolescentes em segredo de justiça, não cabendo constar histórico de antecedentes infracionais após alcançarem a maioridade penal. A atuação com a rede de serviços e com parceiros que congregam dos nossos valores sobre os direitos humanos é um imperativo ético-político por atuarmos com pessoas que dispõem a sua condição de vida a terceiros e que dependem do Sistema de Justiça para fazerem valer seus direitos mais básicos.

Houve referência à atuação no processo de acompanhamento da garantia de direitos, no recente período de ocupação das escolas públicas pelos estudantes secundaristas, havendo ameaça dos movimentos conservadores aos adolescentes. Dada a gravidade, a entrevistada identificou parceiros em outras instituições e a revelação das informações aos promotores, as quais teve acesso, foi fundamental para pensar encaminhamentos mais assertivos.

Uma entrevistada fez referência a denúncias recebidas dos usuários na prestação de serviços de entidades conveniadas à prefeitura. Sempre tomava cuidado em não expor a autoria, pois, em razão de não atuar diretamente nos serviços, tinha receio daqueles sofrerem algum tipo de retaliamento, como desligamento. Ressalta que sempre teve a preocupação e a conduta de que as falas e seus sujeitos sempre fossem tratados com sigilo, para não ter suas identidades expostas. Entende que o sigilo dos registros sobre a vida dos usuários "deve ser resguardado, garantindo-lhes a prevenção nas possíveis situações de risco e danos que os mesmos possam vir a vivenciar".

Na atuação na assistência social, a profissional relata que, entre os diversos desafios, os mais difíceis eram relacionados aos adolescentes em cumprimento de medida socioeducativa em meio aberto. Por não terem dificuldade em dialogar com a equipe, contavam detalhes de participação no crime organizado local, entre outras informações delicadas. Profissionais de outras áreas, com quem realizavam a maioria desse tipo de atendimento, "tinham pavor de que tais informações fossem reveladas durante o atendimento no Creas, pois, no entendimento delas, a partir deste momento tais informações deveriam ser automaticamente encaminhadas ao juízo responsável".

Outros técnicos receavam que no momento da audiência judicial a família relatasse que a equipe tinha conhecimento dos fatos e, por isso, evitavam revelações nas abordagens, "desconsiderando completamente o fato de que um bom atendimento requer que conheçamos as múltiplas determinações daquela realidade, de forma que estabeleçamos uma intervenção coerente e profícua". Isso tornava o acompanhamento frágil, ao se ter ciência de que dado adolescente não frequentava a escola, não cumpria a medida socioeducativa de prestação de serviços à comunidade e a gestão exigia apenas cobrar o cumprimento da medida, sem adentrar em detalhes sobre o que estava acontecendo na vida dele que o impedia de realizar tais tarefas.

Em um dos atendimentos realizados individualmente, um adolescente relatou estar envolvido com o crime organizado e a dificuldade em cumprir a medida por ter sido jurado de morte no território.

Por inexperiência, a profissional dialogou com a equipe, no que a gestão discordou que tivesse "permitido" tal revelação, alegando preocupação com a sua segurança, pois passou a ter "detalhes do tráfico e poderia correr riscos, tanto com relação aos traficantes quanto diante do juiz, caso não revelasse o que sabia".

A profissional foi pressionada pela chefia a informar tal fato ao juiz, tendo, assim, elaborado "um relatório que objetivasse a garantia de segurança ao adolescente e revelasse apenas o estritamente necessário, com base no Código de Ética profissional do assistente social". Em dadas situações, respeitando as garantias à privacidade das pessoas, torna-se necessário aprofundar as informações sobre a vida dos usuários e ter cuidado com o que fazer sobre isso.

Um dos aspectos do sigilo nos instiga a abordar posturas que, por comodismo e/ou conservadorismo, não se comprometem com a análise de fundo de questões que remetem às determinações socioeconômicas, gerando a condição de subalternidade a que os usuários estão submetidos, forjados a eventuais atos ilegais. Em vez disso, imprime-se como prioridade a justificativa da necessidade do reforço da segurança pessoal ou do "receio" em se expor as escolhas perante o julgamento de uma autoridade judicial, preferindo repenalizar a população — a relevância da questão da segurança dos técnicos não deve ser usada como arrimo para justificar condutas alheias a direitos.

Outra maneira de conceber o limite ao acesso às informações da vida dos usuários foi posicionada pela profissional de um Caps, segundo a realidade da sua inserção: ela entende que se não houver o que justifique, não haverá razão em ter conhecimento, por exemplo, sobre o envolvimento de usuários com o tráfico de drogas; como adquirem as substâncias que consomem etc.

Essa perspectiva não carrega diferença de fundo com a situação anteriormente relatada. Pela peculiaridade de determinados serviços, ao não problematizar a necessidade nem a finalidade em ter acesso a dadas vivências, suscita questões que podem prejudicar a relação profissional, por gerar a expectativa de dar encaminhamento a certas situações que não nos competem e pôr em risco a vida do usuário e o seu direito à privacidade, na medida em que, ao acessar questões/ vivências, temos que ter cautela quanto ao sigilo.

A profissional diferencia um aspecto: ao ter conhecimento de que, por exemplo, o usuário praticou uma agressão. No processo de aproximação, importa levantar informações mais abrangentes da sua vida, avaliando em conjunto sua conduta na reflexão sobre a projeção das expectativas. Um usuário externalizou que em certas ocasiões não teria condições de manter o controle dos seus atos (já havia cometido um homicídio), o que foi fonte de discussão com ele para poder acionar um especialista, a fim de ter acompanhamento e garantir a sua integridade e a de terceiros.

A profissional pactuou com o usuário de fazer a revelação em conjunto ao psiquiatra, para que, com a segurança já depositada nela, pudessem ter a confiança de acessar um novo profissional para dar continuidade à abordagem aprofundada da situação. Na "transição", comprovou-se que este compartilhava as concepções da política da saúde e atuaria na defesa dos direitos humanos.

Destacamos a avaliação das profissionais quanto à importância da empatia/relação "afetiva" com os usuários, especialmente no primeiro contato, para estabelecer uma relação de confiabilidade e de acolhimento para as suas necessidades, dando direção a questões éticas, como o sigilo, por propiciar uma troca de forma mais aberta. Tal postura, por ensejar a partilha de reflexões e decisões as mais complexas, possibilitou encaminhamentos assertivos no que concerne ao compromisso com os direitos dos usuários.

Essa posição não se confunde com uma relação estrita de amizade, pelo exposto por uma profissional: não é dada abertura aos usuários de acessá-la fora do horário de trabalho, sem justificativa, especialmente em condição alterada (por uso de psicoativos), o que pode resultar em postura impulsiva, agressiva, fragilizando a dupla confiança na relação profissional.

Há outros relatos de envolvimento de usuários em práticas infracionais, exigindo segurança na condução das abordagens, por guardar intrínseca relação com o sigilo. A profissional que compartilhou sua experiência no inédito programa intersetorial de redução de danos com usuários em uso abusivo de substâncias psicoativas, na Cracolândia (em espaço de uso livre de substâncias psicoativas, existente há mais de 20 anos, no centro de São Paulo), refere que a vivência mais frequente deu-se com o acolhimento de egressos do sistema penitenciário, com crimes e penalidades distintas, que ainda não haviam cumprido a pena e, na condição de fugitivos, seriam detidos se identificados pela polícia. A revelação partiu dos usuários pela construção de vínculo no longo processo de acompanhamento.

As decisões sempre foram tomadas em conjunto com os usuários, de forma "muito transparente": "eles sabem muito melhor que nós qual a gravidade de seus atos" e decidiam pela mediação da Defensoria Pública, que apresentava os casos ao Ministério Público. Alguns se entregaram (dada a penalidade do crime, era mais difícil mediar para responder em liberdade); outros pagaram multa e há quem teve a absolvição da pena; a isenção da multa; cumprimento da pena em liberdade condicional, mas todos na condição de permanecerem em acompanhamento do programa e do Ministério Público. Houve quem decidiu permanecer na mesma condição, pela escolha de não se arriscar a voltar para a prisão. Nesses casos, foi explicitado pela equipe que não haveria como os defender caso fossem encontrados pela polícia.

Na parceria com o Ministério Público, a equipe apresentava relatórios e pareceres ao Judiciário sobre o processo de redução de danos e a dimensão da progressiva qualidade de vida de cada beneficiário pelo resgate da identidade, acesso ao trabalho, atenção à saúde etc. Destaca-se um dos primeiros usuários a serem acolhidos, um violento traficante. Durante o processo, mudou a qualidade de vida (em saúde, moradia, trabalho, família) e passou a ir ao território falar com os que manifestavam a intenção de serem atendidos.

Havia quem só tivesse interesse em acessar o valor do auxílio e verbalizava: "Sou bandido mesmo. Só quero a grana". Após reflexão da equipe, definiu-se por conduzir o acesso aos serviços da mesma forma, pois não cabia julgar os usuários, dando "o direito de livre escolha a cada um". Com o tempo, parte se ausentava e era desligada caso não justificasse ausência no prazo. O mais importante é que as diversas decisões dos usuários foram respeitadas pela equipe, sem julgamentos morais e policiamento dos comportamentos.

Contribuiu nessa conduta a condição propiciada pelo programa, podendo ingressar sem documentação e possibilitando a não exposição dos verdadeiros nomes no momento do acolhimento, no que "a prioridade sempre foi o ser humano e não a documentação dele, até porque na rua sabemos que perdem documentos, a polícia rasga etc.", sendo concedido prazo para a documentação. Quando se justificava, era prorrogado o prazo ou perderia a vaga, mas permanecia em atendimento na saúde e assistência social. Em todos os casos, a equipe nunca denunciou nenhum beneficiário:

> A reflexão que temos é que realizamos o acolhimento de forma que conheçam a nós, profissionais, e o trabalho estabelecido pelo/a assistente social de modo que o/a usuário/a tenha certeza de que há a liberdade de escolha e o sigilo profissional. Desta forma, chegamos ao consenso de que o usuário que é egresso e "fugitivo" é mantido em sigilo profissional e a Equipe estabelece o vínculo de modo a mediar a situação dos mesmos.

A principal dificuldade citada se dava com a polícia, que não congrega dos mesmos valores da profissão; ao contrário, o objetivo era somente efetuar a prisão dos usuários, além da questão da corrupção nas suas corporações.

Ao analisar o atual cenário do município de São Paulo, Almeida (2017, p. 57) levanta elementos que confirmam o redirecionamento regressivo da política de drogas na lógica proibicionista, considerando que:

> [...] tratar o uso problemático de álcool e outras drogas, assim como a própria dependência química, como um problema de segurança é um erro, mas do mesmo modo, enquadrá-la como problema de saúde é simplificar demais a questão, pois o consumo de drogas envolve diversas

dimensões da vida social — cultura, desejo, miséria, ausência de projetos individuais e coletivos, enfim, um emaranhado de objetividades e subjetividades — uma complexidade que exige tempo, política pública de Estado[8], trabalho técnico estruturado e muito diálogo.

A desastrosa política proibicionista das drogas adotada no país não tem surtido efeitos práticos nos cuidados de saúde dos usuários. Quando há propostas progressistas, como exposto, não se garante a continuidade na mudança de gestão. É notório o retrocesso na vida dos usuários que já se encontravam organizados em moradia, trabalho, saúde e assistência social, em um desenho que considerava as várias dimensões da vida social. Em sua obra *Psicoativos (drogas) e Serviço Social*: uma crítica ao proibicionismo, Brites (2017, p. 221) posiciona-se sobre o dever ético da categoria em relação ao tema:

> Desvelar o caráter ideológico do proibicionismo, além de sua funcionalidade aos mecanismos de controle, repressão e legitimação da ordem do capital, torna-se uma exigência ética indispensável para as(os) assistentes sociais no cotidiano do trabalho profissional, independentemente de seu espaço sócio-ocupacional.

O Conjunto CFESS/Cress tem debatido a temática, o que resultou em deliberação inaugurando posição, no 43º Encontro Nacional CFESS/Cress, em 2014, na defesa da legalização e regulamentação "do plantio, cultivo, produção, comercialização e consumo de drogas, com ênfase na Política de Redução de Danos para situações de uso prejudicial, submetida a controle estatal". No 46º Encontro, em 2017, foi aprimorado o texto no sentido de:

> Desenvolver ações, junto à categoria, de luta contra o preconceito ao uso das substâncias psicoativas, com ênfase no antiproibicionismo, na crítica à guerra às drogas e na política de redução de danos, defendendo a legalização e regulamentação estatal da produção, consumo e comercialização (Disponível em: http://www.cfess.org.br/visualizar/menu/local/relatorios-e-deliberacoes-dos-encontros-nacionais.).

O ideário que direciona as políticas de segurança pública, com exaltação do endurecimento da força policial e de práticas de exceção, tem seus tentáculos no proibicionismo das drogas, o que serve para aumentar o contingente da população encarcerada, além de alimentar o círculo de violência que a desencadeia, repenalizando a população pobre. Os presídios, lugar de desova da população indesejada, como uma solução reacionária à problemática das drogas, têm se tornado os novos navios negreiros, cumprindo a perversa função de coerção da população pobre, na sua maioria jovens negros das periferias: "Não existem balas perdidas quando elas encontram sempre os mesmos corpos" (autor desconhecido).

No 1º Seminário Nacional "O Trabalho do/a Assistente Social na Política sobre Drogas e Saúde Mental", realizado pelo CFESS em 2018, o médico Paulo Amarante destacou que não estão em questão os fundamentos científicos dos programas adotados na política de drogas. O que está em jogo é o mercado. Para ele, a reforma psiquiátrica não é só uma luta humanista; deve ser vista como uma luta para transformar o lugar social dos sujeitos, já que construímos a rede, só que mais no nível dos serviços do que das relações.

Reforçamos que a esfera privada está retomando seus lucros nas políticas sociais pós-Golpe, o que temos visto com o aumento do uso do fundo público voltado à gestão das comunidades terapêuticas, em detrimento de programas de redução de danos e de valorização dos serviços da rede.

Por sua vez, a profissional que atua no INSS relatou situações cotidianas desafiadoras sobre o sigilo. Uma das questões mais presentes é a de usuários que prestam informações inconsistentes das inicialmente declaradas, principalmente nos requerimentos de benefício de prestação continuada (BPC), no que se refere à renda e ao grupo familiar. Avalia como delicada e controversa a situação por termos um Código de Ética da profissão e um Código de Ética do servidor público federal "que nos deixa claro que não podemos coadunar com práticas que causem prejuízo ao erário público", o que lhe causa "muito sofrimento e até mesmo medo", por causa "dos assédios e incertezas que a categoria vive no INSS — em especial na conjuntura atual".

Refere que tem preservado o sigilo nas situações que se apresentam no atendimento, por envolver um dever, orientando os requerentes das normativas e dos desdobramentos e "tentando manter um diálogo aberto, porém sem aquele cunho ameaçador típico da instituição". Entende que "é preciso alertar os requerentes da fragilidade das possíveis informações divergentes numa conjuntura de cruzamento de dados", destacando os casos em que há atuação de intermediadores — representantes contratados para agilizar a tramitação do benefício ou da aposentadoria, o que representa, na sua experiência, quase que a totalidade desse tipo de situação.

Quando ocorrem denúncias ou revisão, os intermediadores desaparecem, deixando os requerentes sem amparo, por terem ciência das implicações legais de tal conduta. Ela relata que já se deparou com situações em que o intermediador "havia conduzido os usuários a uma situação tão grande de divergências que certamente seriam descobertos em algum momento e penalizadas por isso". Em alguns casos, foi possível, na intervenção direta com o usuário e os setores do INSS, "evitar que o pior acontecesse, retirando o usuário da situação de envolvimento com o intermediador e procedendo ao requerimento sem riscos para o requerente".

Deparou-se com poucas situações graves de esquemas de fraude, encaminhando-as ao setor de monitoramento de benefícios informalmente, não mencionando as informações as quais teve acesso no atendimento, apontando apenas que parecia carecer de melhor acompanhamento quanto aos critérios de acesso. Ressalta que é conflituosa essa relação, merecendo um debate mais aprofundado, visto que em todas as situações se sentiu extremamente insegura, por medo de ferir ambos os Códigos de Ética, optando por "colocar na maioria das vezes o Código de Ética do/a assistente social na frente".

Observa que o que direciona esse tipo de "dúvida" deveria ser baseado por questões objetivas, o que nem sempre acontece. Avalia que devemos admitir que a presença massiva de intermediadores dentro das agências do INSS é essencialmente responsabilidade da própria instituição, que se esquivou do seu papel na educação previdenciária e se tornou um terreno tão hostil que para o cidadão é natural pagar alguém para acessar um direito, uma política pública. Para ela, sigilo e privacidade são vistos como questões de "luxo" quando se reivindica tal direito, por "parte dos colegas e gestores que não são assistentes sociais. Cabe ao Serviço Social estar atento para não cair nessa normalização e manter firme os preceitos do nosso Código de Ética".

As contrarreformas na previdência, remontando ao governo FHC, vêm se materializando paulatinamente, permanecendo na pauta das "soluções" para o enfrentamento dos gastos públicos, em um discurso que visa incutir a ideia do déficit orçamentário — quando há diversos estudos com farta fundamentação confirmando a tese superavitária da previdência, como é próprio de uma política de capitalização de recursos. Como um dos principais pratos do cardápio neoliberal, têm sido pautadas propostas excludentes, tensionadas por um dos grupos mentores do Golpe, o capital financeiro, cobrando sua fatura pelo interesse particular na ampliação da privatização da previdência.

Quanto à Constituição Federal, que teve em tal política um dos seus alicerces afiançadores da proteção social, tem as investidas do seu esfacelamento agora vistas pela população, sendo certo que continuará na agenda dos próximos governos, por ser mais fácil extorquir direitos da população do que cobrar impostos e dívidas da elite que não os cumpre e dispõe de fartos recursos.

Na cruzada contra a proteção social, a previdência, nos seus *lóci* de atendimento à população, tem sofrido todo tipo de revés, com a intenção de dificultar o acesso a benefícios, gerando uma escalada sem precedentes de precarização do trabalho dos servidores cuja função é facilitar o acesso a direitos, como o Serviço Social. A cada investida se reduz o espaço da profissão, uma limitação que atinge os direitos dos usuários em dispor do serviço de orientação previdenciária — contando com a permanente reação da categoria, apoiada pelas suas entidades trabalhistas e pelo Conjunto CFESS/Cress.

A área sociojurídica apresenta várias situações sobre o sigilo. É frequente os usuários revelarem informações sobre o envolvimento no meio infracional. As entrevistadas avaliam que, por se tratar de declarações em atendimento, tais informações requerem sigilo. Na participação em audiências, segundo uma delas, é um "momento em que se faz necessário demonstrar ao juízo as situações de vulnerabilidade social que permeiam o cotidiano vivido pelos/as adolescentes e suas famílias". Quando se demanda a atuação da equipe multidisciplinar no estudo dos autos, em que há contato com os relatórios técnicos juntados, são identificadas produções de provas desfavoráveis aos usuários: confissão de ato infracional, pareceres desfavoráveis à desinternação etc.

Ao fazer a relação com a produção de documentos, expomos uma das situações mais complexas na área da família e sucessões: a disputa de guarda de crianças e adolescentes, por questões financeiras, sem enfocar o melhor interesse desses sujeitos. A experiência de uma profissional em uma longa disputa de guarda se tornou desafiadora, sobretudo por muitos advogados não atuarem em prol do diálogo e do bem-estar das crianças, mas sim na disputa da causa. Apesar da tensão, conseguiu-se evidenciar "os direitos das crianças e não puramente atender aos quesitos violadores de direitos pontuados pelos patronos".

Segundo a entrevistada, ambos os requerentes pontuavam questões de foro íntimo conjugal, irrelevantes do ponto de vista social para a guarda dos filhos, revelando "jogada estratégica" ao mencionar informações da vida sexual do outro genitor, com a intenção da equipe confrontá-la, mas as profissionais tiveram a precaução de não entrar nesse "jogo". Outra tática dos litigantes foi tentar acessar as informações sigilosas da outra parte, visando questionar as respostas prestadas em entrevistas, o que gerou uma forte tensão.

Destaca que, atualmente, em grande parte das disputas judiciais da Vara de Família são mencionadas conversas e fotos das redes sociais e *whatsApp*, além da utilização de perfis falsos, causando constrangimento e invasão de privacidade. A sua atuação se ateve ao objeto da ação, com todo o cuidado para elaborar o estudo e o laudo social (baseado nas legislações e literaturas do Serviço Social na área), para não serem utilizados de forma inapropriada pelas partes do processo. De acordo com suas considerações:

> Foi dada especial atenção na questão do sigilo profissional para que o estudo e o documento não fossem invalidados no futuro. Outra estratégia utilizada foram reuniões sucessivas no Serviço Social, bem como com a psicologia, visando refletir sobre as intervenções necessárias e desnecessárias naquele contexto. Assim, a questão da atenção especial ao sigilo foi uma ação muito bem refletida em conjunto com a colega assistente social.

A postura da profissional nos indica que não atuou, como uma parcela da categoria ainda prega, em prol de uma conduta pautada pela neutralidade, pela "isenção de ânimo", superada pela perspectiva crítica da profissão. A postura crítica tem um lado demarcado: a defesa dos direitos dos trabalhadores, tendo em vista que quem dispõe do poder econômico e político já os detém. É um dos princípios éticos consagrados no nosso Código: "Ampliação e consolidação da cidadania, considerada tarefa primordial de toda sociedade, com vistas à garantia dos direitos civis, sociais e políticos das classes trabalhadoras".

Na demanda, a profissional adotou cautela, de modo a conduzir a atuação em bases éticas e técnicas, não se inclinando, *a priori*, a uma das partes e sem adentrar em questões de foro íntimo, por ensejar julgamentos morais. Pautou sua conduta pelo interesse dos sujeitos que requerem proteção da sociedade, o direito superior das crianças, central no conflito judicial.

Vivemos sob a égide da sociedade do espetáculo. A representação nas redes sociais geralmente é revestida de um idílico modo de vida. As selecionadas imagens em lugares apresentáveis devem revelar felicidade e comunhão entre as pessoas, carecendo de investimento concreto na conquista de uma vida melhor em coletividade. Além da frivolidade e do hedonismo que o excesso de exposição revela, há ainda o uso indevido, nesse tipo de disputa judicial, quando as pessoas deixam de lado regras básicas de convivência, supondo que podem lançar mão de qualquer estratagema, por meios nada convencionais, como a invasão do direito à privacidade.

Por mais que haja o manifesto desejo de expor suas intimidades, as pessoas não deveriam divulgar nem fazer uso em benefício próprio de imagens de terceiros e ainda de forma deturpada. E muito menos, como categoria, nos cabe esse papel: de receber informações de tal origem, transformando-nos em detetives, acareadores de versões, armadilha em que não devemos admitir nos enredar, o que jogaria por terra as possibilidades do trabalho de forma profissional e ética.

Não nos interessa inovar dessa forma. A adesão às novas tecnologias da informação tem os seus limites éticos e um deles está posto se viermos a converter a profissão em mais uma instância dos "tribunais" moralistas das redes sociais. Quando crianças são envolvidas em situações conflituosas, na condição de sujeitos de direitos e em processo de desenvolvimento, a atenção nas abordagens e instrumentos utilizados se faz ainda mais rigorosa.

Ao seguir essa linha de raciocínio, a fala de uma entrevistada expressa aspectos do atual momento, com dois pontos relevantes para entender a "desvalorização do sigilo profissional, em detrimento do arcabouço normativo das profissões liberais": o "contato rápido, a diluição das barreiras físicas, a necessidade da exposição constante da própria vida" resultam na "despersonalização do contato humano", fatores que "quando reproduzidos na vida real, transformam a exposição da vida íntima em algo normal e corriqueiro".

O segundo ponto, a criminalização da pobreza, "se reflete na forma como os agentes públicos executam as políticas públicas", considerando que "mesmo o INSS atendendo a todas as classes sociais, é notório que a maior parte do seu público é de pessoas pobres e com baixa escolaridade". Nessa instituição, o usuário muitas vezes "é visto como potencial fraudador, sendo submetido a diversas requisições de documentos, pesquisas externas investigativas e mesmo ao indeferimento quando há dúvida".

Na contramão da *vibe* da geração das *selfies*, mais voltada à autopromoção do que a ações políticas coletivizadas, desprezando a cultura do contato com o mundo da experiência vivida pelas pesquisas no Google, plataforma que faz todo mundo ser raso conhecedor de tudo um pouco, fazemos uso das palavras do arquiteto e humanista Oscar Niemeyer, que celebrava a vida e carregava junto um propósito maior: "Meu trabalho não tem importância, nem a arquitetura tem importância pra mim. Para mim o importante é a vida, a gente se abraçar, conhecer as pessoas, haver solidariedade, pensar num mundo melhor. O resto é conversa fiada".

Outra frente de atuação sobre os desafios éticos na preservação do sigilo se relaciona à condição de saúde dos usuários. Em uma maternidade, no atendimento de gestantes em dependência química, é presente a preocupação com o sigilo da informação dessa condição de saúde. A profissional relatou ter tido ciência de destituição do poder familiar em tal tipo de situação, mas não acompanhou as usuárias diretamente, contudo, tem conhecimento que essas demandas são dialogadas "com a puérpera a respeito dos encaminhamentos necessários e suas justificativas, bem como essa decisão acaba sendo feita em equipe". Na discussão das demandas com a equipe multidisciplinar são compartilhados somente os dados realmente necessários.

As maternidades públicas, onde são atendidas as mulheres mais pobres, têm sido foco de órgãos da justiça (com forte repercussão na atuação do Ministério Público de Minas Gerais, em 2014), no monitoramento de gestantes que fizeram ou fazem uso de substâncias psicoativas, visando àquelas que se encontram em situação de rua com o objetivo de destituição do poder familiar. Nesses serviços, refrações diversas da questão social são presentes. Por isso, no 46º Encontro Nacional CFESS/Cress, ocorrido em 2017, foi deliberado por:

> Emitir posicionamento e orientação sobre a atuação intersetorial da/o assistente social no atendimento da maternidade de mães usuárias de substâncias psicoativas, frente ao contexto de violação de direitos

que vem se produzindo nesses espaços (Disponível em: http://www.cfess.org.br/visualizar/menu/local/relatorios-e-deliberacoes-dos-encontros-nacionais.).

Em cumprimento à deliberação, foi publicado um CFESS Manifesta compondo a série "Conjuntura e impacto no trabalho profissional", com o tema "O Serviço Social e o direito à convivência familiar e comunitária — De quem é esse bebê? Uma pergunta que deve ser repetida reiteradamente", demarcando a mudança no ECA, em 2016, quando deixou de constar, no artigo 19, a vedação da convivência familiar e da comunitária de crianças e adolescentes "em ambiente livre da presença de pessoas dependentes de substâncias entorpecentes" pelo texto: "em ambiente que garanta seu desenvolvimento integral" — o que o Projeto de Lei do Senado nº 394/2017, chamado "Estatuto da Adoção", intenta reverter.

Significa que o uso de drogas, em si, não é motivo para a destituição do poder familiar e o acolhimento institucional de crianças. Quando há, de fato, a necessidade de ser adotada essa medida extrema, devem ser considerados anteriormente vários fatores e concretizada tal ação após terem sido esgotadas todas as possibilidades de suporte aos usuários envolvidos, mediante a inserção e acompanhamento em programas sociais, desde a gestação, o que só é viável se as mulheres se sentirem protegidas ao buscar auxílio e não ameaçadas na perda da guarda de seus filhos.

A categoria, ao compor o fluxo desses processos, nos serviços de saúde, assistência social e Sistema de Justiça, deve estar atenta às diretrizes ético-políticas que regem a profissão e as pautas dos direitos humanos correlatas. Medida de tal ordem implica a violação do direito recíproco dos recém-nascidos e das genitoras ao contato e à convivência, no impedimento ao aleitamento materno, o que se constitui em violência para toda a família. Pela gravidade da demanda, foi editada, em 2016, a Nota Técnica Conjunta nº 1, do Ministério da Saúde e do Ministério do Desenvolvimento Social, com diretrizes e fluxos para a atenção integral às mulheres e aos nascituros em tal condição.

Reportamos uma situação de atendimento num CAPS a um usuário em situação de rua, com HIV positivo, que havia permanecido vários dias na região da Cracolândia. Essa condição de saúde existente há cinco anos e sem tratamento, dificultava a reorganização da sua vida. Ao refletir sobre isso, a profissional decidiu não informar a doença dele ao centro de acolhida, para onde foi feito o encaminhamento do usuário, por este ter se comprometido a aderir ao tratamento para controlar os sintomas da doença e assegurar os cuidados de prevenção, pensando na sua saúde e na de terceiros.

No sistema prisional, exige-se a apresentação de justificativa para obtenção de atendimentos médicos externos, cabendo a autorização à área da segurança. Há pacientes com doenças sexualmente transmissíveis (DSTs) e/ou HIV que pedem ao Serviço Social a não divulgação do diagnóstico para se preservarem no interior das celas, o que é consentido, visando às integridades física e moral dessa população.

Em um exemplo advindo da atuação no Judiciário, em uma ação de acolhimento motivada pela alegação de "negligência" da mãe, a assistente social recorreu, para elaborar o estudo social, a inúmeras reuniões com a rede de atendimento, em razão da polêmica que envolvia a demanda e gerou discriminação, não tanto pela condição de saúde da usuária, portadora do vírus HIV, mas sim pelos comentários "velados e preconceituosos" de que pudesse ser profissional do sexo. Na avaliação da profissional:

> A questão do sigilo profissional era primordial para avaliar a questão da responsabilidade enquanto pessoa, independentemente, naquela situação, da questão de saúde. Talvez este seja um grande desafio, a meu ver, pois as reuniões com os profissionais dos diversos serviços que atendem as famílias deveriam preservar as questões sigilosas, o que não acontece.

Por demarcar tal postura, a profissional foi considerada, muitas vezes, "uma pessoa implicante", pelo fato de permanentemente questionar "a questão do sigilo profissional e o respeito ao usuário enquanto sujeito de direitos". Nas reuniões intersetoriais para a reflexão da situação e encaminhamentos, estes, não raramente, ficavam estagnados "por conta da visão sobre a família idealizada (tradicional e conservadora) para uma criança, colocando em segundo plano os vínculos afetivos, a proteção e a convivência familiar que naquela configuração existiam".

Refere que nesse espaço de discussão sempre destacava a questão do segredo de justiça e do sigilo profissional e, em reflexões específicas, discutia tais assuntos somente com profissionais do Serviço Social. Em determinadas ocasiões, ressaltou o que prevê "o nosso Código de Ética e Lei de Regulamentação da profissão, no que tange ao sigilo profissional, nossos deveres e o direito dos usuários dos nossos serviços".

Refere sempre estar atenta, especialmente ao sigilo profissional, para tentar preservar o sujeito de qualquer situação vexatória ou exposição desnecessária, havendo que ser considerado que as condições de trabalho do Serviço Social no Judiciário são precárias (prazos a serem cumpridos, grande demanda de trabalho, falta de capacitação específica, desvalorização das equipes técnicas, adoecimento[6] dos profissionais, entre outros), demandando estratégias para superar tais questões. De modo crítico, ressalta que:

> Na disputa de guarda, muitas vezes, senão todas, observo a necessidade de ampliar a reflexão para questões de ordem conjuntural da sociedade, como trabalho, gênero, família, preconceito, realidade econômica, entre outras. Observo que a judicialização da questão social está mais presente do que nunca, porém para atender aos interesses da classe dominante e não os da classe trabalhadora.

Persiste a dificuldade de convivência das pessoas portadoras do vírus HIV em decorrência do preconceito. A postura ética implica o

---

6. Em pesquisa promovida pela Associação dos Assistentes Sociais e Psicólogos do Tribunal de Justiça do Estado de São Paulo sobre a saúde de ambas as categorias, foi identificado alto índice de adoecimento decorrente de condições de trabalho.

próprio cuidado e com o outro, exigindo da categoria discussão do compromisso dos usuários para que assumam tratamento e a percepção da necessidade de se relacionar de forma ética. Aos serviços públicos, devemos reivindicar campanhas pedagógicas sobre os meios de prevenir doenças sexualmente transmissíveis, abordando comportamentos preconceituosos para com pessoas infectadas.

A profissional refere que na área da Família, em particular, as novas demandas relativas à alienação parental, à guarda compartilhada e o novo Código Civil lhe "tem provocado inquietações sobre a identidade da nossa profissão nestas questões, pois, muitas vezes, é um campo dominado pela Psicologia". Já quanto à área da Infância e Juventude, particularmente em relação à destituição do poder familiar e às adoções, são questões que também sempre a "inquietaram, pois o parecer social (e também o parecer psicológico) são determinantes para a decisão judicial na vida daquela criança/adolescente/família".

Em ambas as áreas, procura sempre focar sua "ação/reflexão/ação nos princípios e defesas do Serviço Social e nos usuários, enquanto sujeitos de direito e enquanto sujeitos coletivos". Para isso, além de leituras específicas sobre a sua área de atuação, busca discutir no coletivo da profissão e fazer análise de conjuntura.

O Judiciário é um dos principais braços do ordenamento do Sistema de Justiça, cuja existência, mesmo com as contradições, se justifica essencialmente para legitimar o *status quo* de um modo de produção excludente. É notícia rotineira pobres condenados por motivações de natureza material, como furto de leite e de remédios essenciais para os filhos. Em uma sociedade minimante justa, sofrer pena como delinquente por buscar suprir necessidades básicas, em decorrência da desigualdade social, deveria ser compreendido na dimensão socioeconômica e não penal.

Nesses espaços, os profissionais se deparam com todas as mazelas sociais. Uma das demandas bem atuais, imposta à categoria, é o vulgo depoimento sem dano (DSD) (contando com outras denominações, como depoimento especial), configurando-se como inquirição compulsória de crianças e adolescentes (desconsiderando o direito de serem ouvidos quando for oportuno e sob sua anuência), o que não tem como conciliar com a proteção desses cidadãos, e sim com o objetivo de ser um meio de prova à condenação de seus supostos violadores ou como testemunhas de terceiros.

A vivência no serviço de atenção básica à saúde ilustra a preocupação com posturas inadequadas, praticadas pelos próprios servidores, com a condição de saúde e as escolhas da população. No local é agregado atendimento em saúde mental pela rede. Os serviços foram precarizados, com diminuição de médicos e dos atendimentos, o que ocorre em grande parte dos serviços de saúde, com a redução de investimentos estatais, antes já insuficientes.

No atendimento de urgência, a equipe refere-se aos usuários de forma pejorativa, o que inibe a entrevistada de expor as demandas de saúde mental. Em uma situação de tentativa de suicídio de um jovem, o que causou atrasos, a recepcionista gritou de forma irônica: "Dr. X foi costurar o pescoço de um homem que tentou se matar, enquanto fulano e sicrano estão surtando aqui" — eram usuários de saúde mental acompanhados pela assistente social, que decidiu não expor essa condição à servidora, considerando que o seu processo de trabalho não implicava os cuidados diretos com a população.

Servidores conversaram entre si sobre tal fato e, durante o atendimento da profissional, um deles (da limpeza), ao entrar na sala, disse ao paciente: "Se apegue a Deus; não faça mais isso não". A situação tornou-se motivo de chacota e julgamentos, tendo a profissional manifestado ser inadmissível "por se tratar de profissionais da saúde". Por sua postura, recebe críticas de cunho pessoal, sendo considerada "a chata".

Refletiu com o usuário, após seu relato evidenciando sentimento de culpa, sobre a construção histórica; a importância de um estado laico nas decisões, como a implementação de leis, e nas intervenções profissionais; o sistema econômico vigente, na perspectiva de compreender as expressões da questão social, o desemprego, conflitos familiares e questões de saúde mental.

Com os servidores, após informar a gerência, realizou reunião sobre a demanda. Foi reapresentado o termo de contrato e destacadas a questão do sigilo, as competências/condutas e as implicações legais no descumprimento, constando que as informações deveriam ser reveladas, quando realmente fosse necessário, entre os profissionais implicados diretamente nos cuidados de saúde: enfermeiro e médico e, dependendo da situação, o Serviço Social. Nas demandas com incidência de violência: enfermeiro, Serviço Social e se, coubesse, o médico. Realizou oficina com a equipe sobre empatia e legislações do SUS, incluindo a Política Nacional de Humanização, e sobre pessoas em situação de violência e saúde mental. Teve autonomia para fazer reflexões com as profissionais da área da limpeza sobre sigilo, solicitando privacidade nos atendimentos.

Reportamo-nos à fala de Cristina Brites no seminário nacional "Serviço Social e Sigilo Profissional" do Conjunto CFESS/Cress, em 2016, ao discutir posturas que, muitas vezes inadvertidamente, são incorporadas no cotidiano de trabalho: falas de "corredores", revelando informações restritas ao profissional confiado. Historicamente, refletimos muito sobre grandes questões, a exemplo da falta de investimento público, condições inadequadas de trabalho, importando tanto quanto o zelo nas condutas rotineiras introjetadas.

As situações narradas ocorreram na atuação de uma técnica recém-formada, com pouca vivência na política de saúde, comportando uma gama de alta complexidade e demonstrando amadurecimento ético-político, coragem e iniciativa para conduzir as demandas com a equipe multiprofissional, outros profissionais que dão suporte e a gestão do serviço, de modo seguro e fundamentado, o que a fez alcançar êxito na sua análise e encaminhamentos.

A estratégia por acionar a gestão não se deu no campo da denúncia vazia, postura que se encerra no denuncismo, em que muitos recaem, creditando-o ao dever de um papel crítico, contudo burocratizando demandas que podem ser encaminhadas politicamente na resolução de conflitos das relações de trabalho. Não desconsideramos que dadas situações merecem ser objeto de comunicação a instâncias e órgãos internos e externos aos espaços de inserção, em especial a violação de direitos humanos. O que ressalvamos é o momento de larga incidência de linchamentos públicos, expressando-se nos ambientes de trabalho, ao mesmo tempo que, contraditoriamente, criticamos a judicialização da política e da questão social.

As circunstâncias exigem posições e estamos sujeitos a sermos avaliados pelo senso comum até em locais de trabalho. O investimento na construção das relações possibilita encaminhar coletivamente as demandas, com sensibilidade nas estratégias quando envolve a conduta de parceiros de trabalho, sem recair no corporativismo e imobilismo, quando, em especial, as requisições são fundamentadas pela defesa dos direitos da população.

É crucial que a apreensão sobre a concepção de saúde não se restrinja ao que comumente é compreendida, como ausência de doenças. O salto do SUS (Lei n. 8.080/90), com base no art. 196 da Constituição Federal (que reza que a saúde deve ser garantida "mediante políticas sociais e econômicas que visem à redução do risco de doença e de outros agravos e ao acesso universal e igualitário às ações e serviços para sua promoção, proteção e recuperação"), teve o sentido de ampliar a sua conceituação, prevendo, no seu art. 3º:

> A saúde tem como fatores determinantes e condicionantes, entre outros, a alimentação, a moradia, o saneamento básico, o meio ambiente, o trabalho, a renda, a educação, o transporte, o lazer e o acesso aos bens e serviços essenciais; os níveis de saúde da população expressam a organização social e econômica do País.
>
> Parágrafo único — Dizem respeito também à saúde as ações que, por força do disposto no artigo anterior, se destinam a garantir às pessoas e à coletividade condições de bem-estar físico, mental e social.

As várias demandas expostas se relacionam como expressões da questão social, nas dimensões da vida da classe trabalhadora, resultando em condições extremas de desproteção social, como expressado no trabalho na saúde: pelo uso de drogas, na maternidade com a destituição do poder familiar, em relação às doenças sexualmente transmissíveis, nas prisões, na saúde mental etc.

São vários tentáculos e um só corpo: as relações sociais baseadas na divisão de classe, que joga as pessoas nas franjas da sociedade, apartadas de uma vida digna. Assim, a apreensão da realidade, da questão social, deve se dar pela sua ontologia, o que não comporta estratégias fragmentadas, nem como defesa de direitos nem enquanto ações ético-políticas coletivizadas.

2.5 Justificativas à revelação do sigilo profissional

Para Oscar Niemeyer, "a gente tem é que sonhar, senão as coisas não acontecem". Sonhar pode aparentar ser mais fácil do que realizar, em razão da aridez da concretude do mundo real. Mas sonhar, no sentido de idealizar perspectivas para um mundo melhor; no ato de filosofar, refletir, fazer escolhas mediante a projeção de ações críticas, não é tão simples. Requer a suspensão dos atos automatizados do cotidiano para nos concentrarmos em uma única situação, em todas as suas dimensões, com todo o nosso potencial. Usando mais uma fala do nosso imortal arquiteto, que dá concretude ao seu pensamento: "O mais importante não é a arquitetura, mas a vida, os amigos e este mundo injusto que devemos modificar."

Com isso, queremos dizer que a vida impõe escolhas o tempo todo e tais escolhas exigem reflexão, algumas aparentemente mais fáceis, outras gestando complexidades ímpares. O fato de acreditarmos que não estamos fazendo escolhas já traduz alguma opção: mesmo ao permanecermos onde nos encontramos, carregando todos os questionamentos e rejeições (sem externalizar), o que reiteradamente fazemos com dadas situações.

Com o trabalho profissional não é diferente. As escolhas são feitas o tempo todo: o projeto de mundo e de profissão a que aderimos na formação/trabalho, nossas posturas políticas na relação com empregadores e colegas de trabalho, a definição dos métodos de intervenção e suas fundamentações teóricas e tantas outras dimensões decorrentes.

As decorrências da dimensão da ética profissional são imensuráveis, dada a sua abrangência de possibilidades. Um dos seus desdobramentos, o sigilo, comporta igualmente uma imensa gama de opções e, mais especificamente, quando se fala nas situações em que é possível a sua revelação, as escolhas éticas e políticas não são das mais fáceis de definir.

A regra, prevista no Código de Ética, é pela preservação do sigilo, conforme nos alerta Terra (Parecer Jurídico do CFESS n. 06/2013):

> A confiança depositada no assistente Social, deve ser respeitada com o objetivo de não só de proteger a integridade física — **do usuário** — mantendo segredo de qualquer informação, mas também de proteger a integridade da personalidade, pois a revelação pode acarretar um prejuízo moral susceptível de discriminação.

O sigilo é um dever imperativo. Isso é um dado concreto. Mas como as regras guardam a possibilidade, diante das necessidades que emergem do real, de excedê-las, não há diferença com o sigilo profissional. No primeiro capítulo, listamos as legislações que preveem situações envolvendo violência: contra a criança e o adolescente, o idoso, a mulher, cujos profissionais envolvidos nos atendimentos devem comunicá-las os órgãos competentes.

Outras situações, não previstas explicitamente em leis enquanto dever da categoria, não devem guardar motivação de dúvidas, como as que envolvem maus-tratos e torturas de qualquer segmento da população e em todas as políticas, públicas ou privadas. Mas muitas situações, como será apontado, não trazem em si as saídas de forma tão direta. Exigem reflexão e a construção dos caminhos de forma coletiva e, especialmente, em uma relação fincada na confiabilidade e empatia com os usuários.

Em um relato, na supervisão de organizações da sociedade civil, quando identificado que não era feito o uso devido dos recursos públicos (por questão financeira ou o distanciamento da matéria de atuação), de acordo com os critérios dos convênios firmados, havia a previsão de interferência na garantia da qualidade dos serviços. A profissional compreendia que cabia lidar diretamente, em um primeiro momento, com a equipe. Quando não obtinha resultados, era "necessário romper com o sigilo entre profissionais e levar para as esferas da Supervisão de Assistência Social, jurídico e advertências contra a organização". Fazemo-nos valer o que é previsto no Código de Ética:

> Art. 4º É vedado ao/à assistente social:
> b — praticar e ser conivente com condutas antiéticas, crimes ou contravenções penais na prestação de serviços profissionais, com base nos princípios deste Código, mesmo que estes sejam praticados por outros/as profissionais;
> Art. 5º São deveres do/a assistente social nas suas relações com os/as usuários/as:
> B — aproveitar-se de situações decorrentes da relação assistente social-usuário/a, para obter vantagens pessoais ou para terceiros;
> Art. 9º É vedado ao/à assistente social:
> C — utilizar recursos institucionais (pessoal e/ou financeiro) para fins partidários, eleitorais e clientelistas.

Nessas situações, o sigilo se sustenta até onde for possível manejar internamente as questões com os profissionais, com a resolução das irregularidades franqueada em saídas éticas, sem prejuízo à qualidade da prestação dos serviços, caminho adotado pela entrevistada. A malversação de verbas governamentais, tão criticada quando falamos de vultosas corrupções nos espaços de poder, com a apropriação da coisa pública como se não tivesse "dono", é transferida para microespaços, que, em geral, não aparecem nos noticiários e acarretam grandes desvios no montante final.

Com a "onguização", mediante a desresponsabilização governamental na prestação direta dos serviços de natureza pública, repôs-se a cultura da filantropização — reinventada com o Programa Comunidade Solidária, pela então primeira-dama dos idos FHC, incutindo a ação voluntária como dever moral da sociedade, expressando-se na profissão. De acordo com a análise de Netto, apud Braz (2017, p. 328), não circunscrita somente a esse período:

> Com efeito, na sequência da desconstrução do Welfare State e dos valores (direitos sociais) nele plasmados, a configuração da assistência social experimentou um processo de *refilantropização* — seja nas políticas específicas de assistência, seja naquelas que contemplam ações assistenciais. Essa refilantropização (de fato, a *assistencialização* da assistência, operando a contrapelo do sentido posto pelos direitos sociais), está afetando profundamente a intervenção profissional dos assistentes sociais.

O que geralmente é afeito à política da assistência social exprime-se na visão que se tem da profissão ou os seus próprios agentes passam a introjetá-la como uma revisão da identidade profissional, visto haver uma certa embricagem histórica na profissão com a ação assistencial. Netto (idem, p. 324) reflete que "[...] o Serviço Social contempla, *dentre o elenco das suas funções*, a ação assistencial; para dizê-lo sem dar lugar a ambiguidades, a assistência foi e é uma dimensão constitutiva da profissão". Para corroborar o pensamento crítico e engajado de Eduardo Galeano:

> Eu não acredito em caridade. Eu acredito em solidariedade. Caridade é tão vertical: vai de cima para baixo. Solidariedade é horizontal: respeita a outra pessoa e aprende com o outro. A maioria de nós tem muito o que aprender com as outras pessoas.

Não fazemos a crítica do voluntariado em si, mas como proposta explícita de desresponsabilização governamental. A terceirização dos serviços, mesmo no seu custeio indireto, utiliza-se em larga escala de trabalho voluntário, incluindo a categoria, com parcela ensejando incorporar experiência no currículo para cumprir exigências competitivas de mercado. Se tal inserção se desse na perspectiva do fortalecimento da solidariedade de classe, teria outra dimensão política. Como utilização de mão de obra desonerada, em uma sociedade com altíssimo índice de desemprego e quando as políticas públicas deveriam ter a primazia da qualidade, ao colocar no seu lugar ações descontinuadas, afeta frontalmente o direito da população a serviços dignos.

No relato da inserção no Sistema Prisional, há situações complexas vivenciadas, que, "a depender da conduta profissional, podem colocar em risco o sigilo profissional e a segurança dos atores envolvidos". Tem sido demanda recorrente a troca de cela de usuários, justificada por desentendimentos pessoais entre os detentos; disputas entre facções que dividem o mesmo espaço; situações de ameaça, constrangimento ou sujeição, entre outros.

O regimento interno reconhece esse direito segundo a avaliação da segurança e disciplina. A profissional entende que em tal situação o sigilo pode ser aberto. Faz as solicitações sem mencionar todos os reais motivos, ressaltando a necessidade do procedimento, mas não teve sucesso em todos os pedidos. Refere que a entrevista social se constitui em "momento privilegiado para a construção de uma relação horizontal, portanto as solicitações de troca de cela normalmente importam riscos aos usuários".

Há várias questões que se entrelaçam na atuação no sistema prisional. Abordamos demandas da saúde, agora a segurança, em especial pela disputa de território entre facções, e outras repercussões pelo tráfico e uso de drogas. Uma das questões desafiadoras, a atuação no exame criminológico, demandado pelo Judiciário, está na pauta dos debates que envolvem tal lócus de atuação e o Conjunto CFESS/Cress definiu posição contrária (no 43º Encontro Nacional, em 2014). O que se visa, em síntese, é a indicação de motivos pelos profissionais à progressão da pena, contudo os critérios já são previstos legalmente. Quando há reincidências infracionais de egressos, são imputadas responsabilidades aos técnicos que emitiram opinião nos exames, como se fosse uma questão matemática qualquer área precisar atos futuros.

Outra importante pauta, presente na realidade de São Paulo, é a chamada convalidação de vínculos, contando com a atuação da categoria para fins de avaliação das pessoas a serem incluídas no rol de visitantes, o que também não guarda legitimidade, por existirem critérios estabelecidos — o Cress/SP publicou posicionamento contrário à requisição de tal atuação, fundamentado nos princípios éticos da profissão e nos direitos da população usuária (acesso pelo site <http://cress-sp.org.br/notas-tecnicas/>, em *Nota Técnica — Entrevista Individual para a Chamada "Convalidação de Vínculos"*).

O Sistema de Segurança Pública tem convergido na militarização da vida, em um Estado que faz uso de práticas recorrentes de exceção e repressão, transformando-se num modelo de Estado penal. O encarceramento em massa da população pobre e massivamente negra é um projeto deliberadamente perverso de apartação social, gerando lucros exorbitantes à iniciativa privada; sustenta corporações públicas e privadas mafiosas e ainda arregimenta votos de cidadãos que vêm na questão da segurança todos os males do país.

Esse Estado penal (criminal) que massacra a população empobrecida não deve definir a identidade profissional. A política criminal produz mais violência do que evita, além do difundido uso da medicalização como instrumento de controle social dos detentos. Nosso projeto de profissão não comporta princípios pautados em valores éticos em tal direção.

Na atuação em um Centro de Atendimento Socioeducativo ao Adolescente em meio fechado, destaca-se a complexidade da vivência ética profissional: em decorrência da avaliação quanto à gravidade de uma situação à segurança de usuárias, a profissional optou pela quebra do sigilo. Citou como fundamento o risco que a filha recém-nascida de uma usuária (internada pelo assassinato da mãe) corria de ser resgatada e assassinada por integrantes de uma facção criminosa, por ser a herdeira dos bens deixados pela avó falecida, "fruto do comércio ilícito de drogas", em decorrência de "posição privilegiada na hierarquia da facção".

A necessidade de quebra do sigilo foi realizada com o devido conhecimento da adolescente, com quem estabeleceu uma relação de confiança, construída em curto espaço de tempo. Cita que, em geral, quando as adolescentes ingressam no equipamento estão fragilizadas e receosas por se encontrarem sozinhas em um lugar completamente desconhecido; fatores associados que facilitam a abordagem profissional "que deve ser sincera e num processo de ajuda e de garantia de direitos".

A adolescente apresentava "enorme dor e juntas fomos construindo os caminhos/encaminhamentos, o que trouxe a ela confiança e reafirmou o processo de vínculo construído". A técnica faz parceria nos atendimentos com uma psicóloga, com quem, com o conhecimento e a autorização da usuária, revelou parte da situação a alguns representantes institucionais, para que fossem providenciados "cuidados importantes e necessários para a garantia da segurança física e emocional de mãe e filha", como observação sistemática e acompanhamento de escolta armada nas saídas externas, considerando também a segurança dos funcionários que as acompanhavam.

A profissional destaca a importância do sigilo na especificidade do seu cotidiano de trabalho e nas suas intervenções, ressaltando tratar-se de uma característica impositiva da medida socioeducativa, já que todo o "atendimento é revestido pelo segredo de justiça e a vivência cotidiana impõe cuidados para que não se exponha a adolescente nem a coloque em situação de risco pessoal ou emocional". Por fim, avaliou o seu trabalho na dimensão de defesa de direitos, conforme suas palavras:

> As jovens estão envolvidas em atos infracionais, e em diversos casos em detrimento ou vitimando outras pessoas. A proposta socioeducativa baseia-se no direito a uma nova oportunidade, tendo-se como referencial que "os adolescentes estão em período de formação". Portanto, o sigilo no nosso trabalho garante a oportunidade de reflexão, oportunidades e apontamento de perspectivas de futuro, sem preconceitos e/

ou condenações, que podem ocorrer por parte de outros profissionais envolvidos no processo.

Destaca-se a relação alcançada entre a dimensão ético-política do sigilo e a defesa dos direitos humanos conjugada às ações concretas e emergentes. Em situações de tamanha gravidade, a imediaticidade que a comporta deve ter o seu amparo numa sólida formação teórica e ideológica — tornando-se o pêndulo decisivo do trabalho profissional, pela internalização do comprometimento com os valores que pautam os direitos humanos.

Não é difícil notar proximidade nas questões da realidade dos usuários do sistema prisional com as de quem cumpre medidas socioeducativas em meio fechado. Além de todas as mazelas possíveis fora e dentro dos muros das instituições totais em que passam a habitar, há o processo de restrição às políticas de educação, cultura, habitação, esporte e emprego (inclusive antes e após a saída), em um ciclo vicioso que se retroalimenta de forma desumana. Nesse processo, todos os possíveis dilemas perpassam o trabalho cotidiano.

Outra situação que suscitou intensa reflexão sobre a pertinência da revelação do sigilo foi retratada no processo de acompanhamento de uma adolescente em serviço de saúde (processo transexualizador), que permaneceu muito tempo em situação de rua, com um histórico de inúmeras violações de direitos — o acompanhamento em saúde era compartilhado com o CAPS AD I de seu município. Ela relatou que estava se relacionando com um traficante de drogas, discutiam muito, ele a destratava e havia um histórico de violências físicas com suas ex-companheiras, mas acreditava que seria diferente com ela, pela ausência de agressão física, solicitando que essas informações não fossem transmitidas a outros, receando ser recriminada.

A profissional problematizou com a usuária todo o cenário, considerando a exposição da sua vida a dados concretos de violência. Informou o objetivo da atuação, abordando o sigilo. Para pautar as reflexões e ações, fez a leitura do "Código de Ética do/a Assistente Social Comentado" a respeito do sigilo, o que "favoreceu refletir acerca da responsabilidade que nos cabe enquanto profissionais, ao passo que temos conhecimento de determinadas circunstâncias, pois temos responsabilidade com o que escutamos" e levantou as possibilidades de violação de direitos, referenciados nos princípios do ECA.

Tentou acompanhar com mais frequência a demanda, mas não foi possível novo contato. Definiu pela revelação de informações à equipe multidisciplinar, envolvida no cuidado de saúde, mas somente em relação a possíveis riscos. Foi decidido pelo diálogo com o CAPS, pela via de contato com o técnico de referência, apropriando-o da situação de maneira cuidadosa. Caso fosse confirmado algum risco, acionariam o Conselho Tutelar.

É uma das demandas que se destacam pela interface com as legislações das políticas públicas mais específicas de defesa dos direitos humanos quanto aos deveres nas situações de violência contra a mulher e à criança e adolescente, ao imputar a responsabilidade de comunicação a órgãos externos, dado o alto índice de situações de violência e mais fragilidade de tais segmentos da população — pelo que abordamos no primeiro capítulo.

É da maior importância a apropriação do acúmulo sobre as questões de gênero e orientação sexual, uma das culturas mais urgentes a combater: a violência contra a mulher e a população LGBT. A Resolução CFESS n. 489/06, no bojo da campanha pela "Liberdade de Orientação e Expressão Sexual — O amor fala todas as línguas", regula um dos princípios do Código: "Exercício do Serviço Social sem ser discriminado/a, nem discriminar, por questões de inserção de classe social, gênero, etnia, religião, nacionalidade, orientação sexual, identidade de gênero, idade e condição física".

A resolução veda o policiamento de comportamentos, condutas discriminatórias de qualquer natureza, entre elas, de orientação sexual, a utilização de instrumentos e técnicas que reforce preconceitos, contribuindo para extinguir práticas de tais naturezas, denunciando-as, e empenhar, "inclusive, no âmbito de seu espaço de trabalho, para a reflexão ética sobre o sentido da liberdade e da necessidade do respeito dos indivíduos decidirem sobre a sua sexualidade e afetividade" (art. 2º).

Passamos a destacar outras situações que retratam condutas preconceituosas, como identificado por uma supervisora da prestação de serviços de centros de acolhida. Por meio de denúncias da equipe, tomou conhecimento de atitudes preconceituosas da gerência com um perfil de usuárias: quem tivesse crianças era ameaçada com a retirada dos filhos, via contato com Conselho Tutelar, por permanecerem muito tempo no equipamento, e não aceitava que as travestis pernoitassem ali.

A profissional efetuou o levantamento, pela base de dados da prefeitura, sobre a entrada e saída de usuárias com esse perfil, referenciadas nos serviços, identificando que a permanência estava ocorrendo de forma muito rápida em comparação às necessidades delas. Ao questionar a gerência sobre o andamento do atendimento a esse segmento, foi informada que todas tinham se evadido sem motivo aparente. Com dados concretos, a profissional buscou o diálogo, expressando suas "dúvidas sobre a intervenção". Ao não obter "devolutiva consistente", apresentou a situação à supervisão do território, definindo-se pela convocação de reunião com a organização responsável.

Avalia que se o responsável não tem clareza do seu trabalho e o supervisor não redireciona, "são as crianças/famílias que deixam de ter a qualidade necessária ao acessar um serviço público". A prescrição do Código define a vedação ao: "bloquear o acesso dos/as usuários/as aos serviços oferecidos pelas instituições, através de atitudes que venham coagir e/ou desrespeitar aqueles que buscam o atendimento de seus direitos" (art. 6º/"c").

O valor ético da não discriminação, estabelecido como um dos princípios norteadores da conduta profissional, deve ser compreendido e internalizado, de modo a não reproduzirmos comportamentos preconceituosos muito presentes no senso comum. Práticas com tais contornos devem ser rechaçadas, envidando-se esforços para contribuir na mudança cultural que as alimentam.

Fala-se muito em discriminação contra determinados segmentos, o que é indiscutivelmente necessário. Não podemos menosprezar a discriminação culturalmente incutida de origem de classe. O recorte do tão aclamado "lugar de fala" não deve se restringir a quem vivencia preconceitos. Certamente que quem não os vive na pele não terá como expressar a violência sentida, mas pode ter lugar de luta ao lado e em conjunto, questionando preconceitos de toda ordem, não os desconectando da raiz das opressões, a luta de classe.

Das situações destacadas que geraram a necessidade de quebra do sigilo, observamos um elemento em comum: a relação com os usuários. Além da informação sobre a abrangência, a dinâmica e a finalidade das abordagens, as entrevistadas buscaram uma interlocução pautada pelo respeito e pela transparência, possibilitando um diálogo horizontal e a construção de saídas, não se restringindo a falas informativas sobre a natureza e o alcance da atuação.

A dimensão da atuação profissional que o sigilo comporta tem na relação de confiança com o usuário a sua pedra angular, relacionando-se diretamente com as bases ético-políticas do projeto hegemônico de profissão.

3. Ações cotidianas na defesa dos direitos humanos

São mais de duzentos anos de existência formal dos direitos humanos enquanto construção social, não restrito a posições particulares, fragmentadas, que não convergiram em formalizações coletivamente consensuadas.

A consignação do direito à propriedade privada, prevista nas cartas de direitos humanos e nas constituições das nações capitalistas, tornando-o central, impede a expansão do avanço dos direitos sociais e econômicos, condicionando-os à preservação dos "sagrados" bens materiais pelos meios legais articulados.

Falar de direitos humanos e Serviço Social é quase uma (desejada) redundância. Profissionais que manifestam discordância com tal valor elementar se colocam em posição contraditória nos próprios termos que significam a profissão, já que a sua essência presume a defesa cotidiana dos direitos da classe trabalhadora; assim, dos direitos humanos.

Para reforçar nossas palavras, Vinagre e Pereira (2007, p. 75) posicionam a categoria na arena dos defensores e operadores dos direitos humanos:

> Um dos desafios centrais presentes para os defensores e operadores de direitos, como os Assistentes Sociais, refere-se à superação das concepções fragmentárias e geracionais de direitos humanos, bem como do caráter pontual, residual e imediatista das ações nesse campo.

Alguns debates políticos presentes na sociedade, julgados polêmicos, convocam-nos a pautar a definição de posicionamentos na agenda das frentes de luta das entidades da categoria. Nas deliberações do Conjunto CFESS/Cress, identificamos posições afiançadoras dos direitos humanos, como: uso do nome social; abolicionismo penal; descriminalização do aborto; legalização e regulamentação das drogas; laicidade do Estado, do Conjunto CFESS/Cress e da profissão; contra a internação compulsória/involuntária; redução da idade penal; exame criminológico; Estatuto da Família; atuação na conciliação e mediação de conflitos; cura da homossexualidade; comunidades terapêuticas; depoimento sem dano; Estatuto da Adoção etc.

As profissionais entrevistadas afirmaram que as ações concretizadas e os seus possíveis resultados convergiram para a defesa dos direitos dos usuários, o que as informações e reflexões que coletamos indicam. Uma delas ressaltou que sempre direcionou a atuação "na defesa dos usuários enquanto sujeito e na defesa dos direitos humanos", advertindo não conseguir "imaginar outro tipo de atuação senão este".

Outra técnica, ao firmar posição similar, problematizou, como um dos principais questionamentos que tem feito, "sobretudo, na defesa dos/as adolescentes, em especial neste contexto de sistema penal juvenil, onde profissionais são desqualificados pelo Judiciário quando se posicionam em defesa daqueles que os juízes desejam penalizar".

Há quem tenha demarcado as limitações do que efetivamente a categoria tem condições de garantir, quando se encontra em posição isolada, por existir "um hiato entre intencionalidade e a concretização do trabalho em si", restando a dúvida se as consequências do trabalho resultaram em saídas realmente positivas na vida dos usuários.

Houve referência às dificuldades próprias às situações que envolvem o exercício da reflexão ética. Uma entrevistada demonstrou segurança que suas escolhas se deram "na perspectiva dos direitos das/os usuárias/os e em consonância com os direitos humanos que as tornam coerentes".

A profissional do sistema prisional, que passou a assumir o cargo de direção de um departamento, afirmou que "tem difundido um discurso divergente daquele aplicado no sistema prisional, com ênfase na efetivação e garantia de direitos e defesa do sigilo, com relativo sucesso neste âmbito", sendo que todas as ações realizadas "são criteriosamente pensadas na perspectiva da efetivação de direitos, ainda que, para tanto, estejamos sujeitos aos frequentes questionamentos e limitações". Analisa seu espaço de inserção como lócus de "reprodução de todas as formas possíveis de violência e violação de direitos" e aposta no permanente diálogo para superar certas limitações: "Faz-se necessária ampla articulação, muita conversa com os atores presentes e difusão de informações relevantes". Faz a seguinte reflexão, apontando que:

> Vivemos momentos de barbárie com uma política de encarceramento em massa que privilegia a prisão de trabalhadores expropriados do trabalho; de mulheres em situação de violência doméstica e violência psicológica, de negros; transgêneros, travestis e moradores das franjas da cidade. Estamos alcançando a marca histórica dos 600 mil presos, sendo que mais de quarenta por cento se concentram no estado de São Paulo.

Considera que há um recorte classista, racista e de gênero em tal espaço, o que torna relevante observar que, possivelmente devido às fragilidades da formação, profissionais "se mostram muito vulneráveis ao adentrar para este sistema". Compreende que "a questão prisional como expressão da questão social deveria ser explorada e incorporada à formação acadêmica ainda que enquanto oficina temática".

Essa profissional avalia que, apesar dos avanços que a categoria profissional tem alcançado, ainda é reconhecida como "tarefeira", que deve se subordinar às intervenções de outras áreas que compõem as unidades prisionais, compreensão que ela considera equivocada sobre as possibilidades do fazer profissional, o "que pode impactar negativamente na proteção do sigilo profissional". Nessa assertiva, compreendemos que a identidade profissional do/a assistente social atribuída por outras áreas do saber, segundo a compreensão limitada que dispõem das possibilidades do trabalho profissional, reduzindo-o, numa compreensão limítrofe, a ações meramente burocrático-tecnicistas, os desobrigariam a considerar a relevância em assegurar aspectos do sigilo profissional afeitos à profissão.

A preocupação da profissional caracteriza que as preconcepções de outras profissões em relação a áreas que entendem não carregar complexidade resultariam no afrouxamento das suas exigências éticas e na garantia de prerrogativas como a autonomia técnica, deixando de impor o mesmo nível de rigor de certas profissões, como o direito, a psicologia, a medicina, a engenharia, visão que limita o devido reconhecimento da estatura conquistada pela profissão e de toda uma gama de possibilidades de construção conjunta de ações, visando ao enfrentamento coletivo de dificultadores à ampliação dos direitos dos profissionais e dos usuários.

A sua análise nos remete a significar a ocupação de espaços, ao sermos designados a responder por certos programas, em decorrência da demonstração de competência e responsabilidade com as demandas institucionais e da população usuária, quando se coadunam aos valores da profissão. Daí a importância de agregarmos análises e ações inovadoras, por termos muito a contribuir, dada a base de formação nos direitos humanos.

Ao fazermos a afirmação da postura profissional comprometida com os direitos dos usuários e as demandas institucionais, isso não implica afirmar que se deve referenciar a atuação somente nas pautas/projetos demandados pela instituição ou fazer a sua defesa pelo viés patronal — discussão que se relaciona à nossa posição de profissionais assalariados, o que determina, preponderantemente, a nossa autonomia relativa.

Observamos que a contribuição da profissão, quando está qualificada a desempenhar suas atribuições, demarca diferença nas relações de trabalho na conformação de projetos que impactam positivamente na sociedade, nas expressões da questão social as mais desafiadoras, no que pudemos observar na fala da profissional que socializou sua experiência no programa de redução de danos (política de drogas). No seu depoimento, afirma que é "importante ressaltar que o Serviço Social teve papel fundamental para compor os principais conceitos, para elaboração e implementação do programa".

A análise de outra entrevistada indica que "o direito à privacidade é um direito humano", por isso a defesa do sigilo não diz respeito somente a uma questão tecnocrática, tratando-se de uma "defesa política".

Compreende que defender o sigilo é "ir na contramão da cultura institucional de exposição da vida, de investigação policialesca e desconfiança, que não deveriam permear uma política pública". Como "o papel do Serviço Social é garantir acesso a direitos, então, o mínimo que temos que fornecer é um espaço, minimamente, adequado para o atendimento".

Na atuação na saúde, foi pontuado que as demandas apresentadas são de várias ordens, na medida em que "as expressões da questão social atravessam o cotidiano dos usuários, implicando de diversas formas seu processo saúde-doença", exigindo dos profissionais que "se apropriem da realidade presente no território e na vida dos seres humanos que nele vivem".

Tributa ao processo de formação a "oportunidade de se (re)construir numa perspectiva que vislumbra uma sociedade justa e igualitária" — o que nem sempre está presente na fundamentação dos projetos de formação de outras áreas com as quais atuamos. Daí nossa vantagem na apreensão das categorias da realidade pela sua gênese e em toda a sua complexidade.

Esta afirma que os/as assistentes sociais estão "implicados no papel de articuladores, com capacidade técnica para desenvolver meios possíveis de subsidiar a aproximação dos trabalhadores com as temáticas presentes no cotidiano", tendo percebido mudança na postura de grande parte dos trabalhadores frente às demandas, a partir de suas intervenções, as quais, de modo geral, "contribuíram para a defesa dos direitos dos usuários, na perspectiva dos direitos humanos, nas demandas pontuais e nas gerais".

Reafirmamos a não sujeição a imposições institucionais, o que limitaria o potencial de realização dos direitos, transmutando as ações na representação da gestão dos serviços. A finalidade e a perspectiva da profissão não se confundem com o objetivo institucional, mesmo que haja proximidade nos valores que os fundamentam. À profissão cabe a articulação da análise dos cenários institucionais, desvendando as suas demandas explicitadas e latentes, dos usuários e da comunidade, projetando a realização dos direitos humanos.

O teor das narrativas posiciona que as escolhas fortaleceram os direitos humanos, eis que imbuídas de *ethos* crítico, com posicionamentos e ações convergentes aos valores da profissão, que só tem o sentido de existir ao demarcar posição na direção da construção de outro modelo de sociedade.

Uma fala problematizou as posturas que, ao externalizar informações de violação de direitos aos órgãos competentes, entendem já ter cumprido com o dever profissional. Tal conduta constitui-se em obrigação legal de várias categorias; assim, para além do dever formal, defendemos a importância da construção de um trabalho cotidiano que vise contribuir com a desconstrução da cultura da violência por posturas arraigadas e presentes no nosso dia a dia.

Voltando à tese da endogenia na profissão, traçamos um paralelo com o desafio de se transpor um certo enclausuramento do meio acadêmico (sem querer fazer coro infundado com os jargões sobre o encastelamento dos especialistas teóricos), com vistas a alcançar a aproximação mais consistente com a realidade do "chão de fábrica", a que está submetida a maioria da categoria, propondo-se a compreender, na real essência, as dificuldades e os dilemas da profissão, nas turbulências e avanços do miúdo do cotidiano de trabalho, contribuindo com o adensamento da problematização da formação e do trabalho profissional e o seu consequente aprimoramento.

O poder que a categoria dispõe na condução da vida das pessoas, envolvidas nas intervenções, exige que atue imbuída da dimensão dessa responsabilidade. Uma profissional da Assistência Social citou "cautela e prudência na elaboração de relatórios/laudos/pareceres para autoridades, principalmente do campo jurídico (conselhos tutelares, defensoria pública etc.), bem como no registro em prontuários (sistemas informatizados)".

Outra expõe que, quando atendia adolescentes em medidas socioeducativas, a fala de um adolescente tornou-se bastante emblemática, por sempre afirmar: "A senhora tem o poder da caneta", referindo-se ao relatório mensal enviado ao juizado. Avalia que essa fala "traduzia o significado do que aquele documento representava para aquele usuário, pois, para ele, o nosso relatório tinha um peso muito grande na decisão do juiz e, consequentemente, para a vida dele".

Outra profissional referiu que, atualmente, existe no Cras uma grande demanda via Conselho Tutelar e Defensoria Pública, no que "temos que ser muito criteriosos/cuidadosos/prudentes nas informações que registraremos em nossos relatórios", com o objetivo de "garantir que essas autoridades sejam de fato (além de serem de direito) defensores dos direitos da população que atendemos". Considera expressivas as dificuldades institucionais de inserção desses usuários nos programas sociais e tais autoridades "possuem a competência legal de cobrar e exigir dos gestores públicos respostas efetivas, tais como: o aumento de recursos e a criação de projetos/serviços".

Atuamos em uma realidade carregada de contradições; condição que define os contextos que envolvem a inserção profissional, demandando profundo conhecimento das possibilidades postas e das conquistas que podemos forjar, visando (re)forçar o acesso da população a direitos. No momento em que o profissional se coloca frente a frente aos usuários, mesmo que regras institucionais tensionem a sua atuação, dispõe do poder técnico especializado, amparado pelas prerrogativas da autonomia e do sigilo.

O dito "poder da caneta", para o bem e para o mal, temido por muitos usuários, tem o seu sentido real. Como bem demarcado em muitas falas, uma opinião técnica subsidia decisões diversas, o que definirá histórias de vida. É de uma responsabilidade monumental o poder que dispomos na condução das trajetórias das pessoas. Por isso, o valor que reside na empatia e na alteridade, ao nos colocarmos no lugar do outro para construir caminhos em parceria.

O discurso solto na defesa de direitos não garante assertividade política se não houver identificação com as demandas da população. Se concebemos os usuários como vulneráveis, que apenas necessitam de benefícios ou encaminhamentos para contornar a condição de extrema pobreza; ou enquanto integrantes da classe trabalhadora, assim como também o somos, a análise e a ação tendem a ganhar contornos mais críticos e ousados; ao seguir a mesma lógica, se os entendemos como cidadãos em condições de igualdade de acessar direitos.

Nessa mesma linha, insere-se o sigilo: ao nos imbuirmos da compreensão dos usuários como sujeitos, seus direitos não poderão ser colocados em um patamar rebaixado. Não é passível nos arvorarmos ao direito de dispor de um poder de mando sobre vidas, de modo a limitar as garantias constitucionais por estarem na condição de usuários das políticas públicas. Não é admissível a troca: eu "permito" acesso a certos benefícios, enquanto o usuário abre mão de garantias legais, de sua dignidade. Não há barganha possível no direito a um atendimento competente, com um parecer bem fundamentado, o acesso à sua documentação, ter conhecimento das posições técnicas e éticas adotadas, não ter a imagem gravada nos atendimentos, não ter os dados da sua condição expostos desnecessariamente etc.

Fazemos paralelo com a fala de uma entrevistada:

> A reflexão que emerge a partir das contradições, desafios e conflitos postos no sistema prisional me remete ao entendimento de que o assistente social deve conhecer profundamente a instituição para a qual trabalha, bem como seus limites à prática profissional. Deve também manter uma postura que o identifique enquanto profissional competente e qualificado para a prática cotidiana, se posicionando firmemente quanto ao seu projeto profissional e ao projeto ético-político da profissão.

Postura profissional que dê abertura a críticas propositivas, numa relação ética e respeitosa, necessárias ao amadurecimento profissional. Observamos esse ponto em uma reflexão que considera o fato de muitos profissionais não acolherem críticas, personificando-as e desconsiderando "a necessidade de mudança, de rever o direcionamento do trabalho, acabam entendendo que a crítica é pessoal e não profissional". No que sugere "diálogos constantes, organizar momentos de reflexão com o coletivo de profissionais para retomarmos os princípios/objetivos" (das políticas, profissão).

O potencial da linguagem, como uma das capacidades conquistadas na evolução da humanidade, uma das mais privilegiadas ferramentas da profissão, por termos no contato direto com a população a principal razão de sua existência, proporciona traduzir o funcionamento dos serviços, o significado das demandas, dos encaminhamentos e, antes disso, os objetivos das intervenções. É uma das qualidades fundamentais do trabalho qualificado, o que se vincula à facilitação da aproximação, a construção das relações, dispensando siglas e tecnicismos próprios às áreas do saber.

A participação em espaços políticos na sociedade e, em particular, nas entidades da categoria não deixou de ser lembrado pelas entrevistadas como uma saída de enfrentamento às dificuldades vivenciadas nos locais de trabalho e aos seus próprios dilemas, como uma delas apontou, afirmando que compõe "espaços de discussão sobre o trabalho do assistente social", para garantir que, através da sua militância, "o tema socioeducação seja inserido na pauta de debates da categoria".

Coletamos um conjunto de elementos que indicam atuação na defesa dos direitos humanos, em diversas frentes de inserção e de várias maneiras, dentre as quais a conduta ética condizente com o respeito ao sigilo profissional como um direito elementar dos usuários. Assim, tais conteúdos, como a relação com a equipe multiprofissional, com a rede de serviços, a capacitação permanente, entre outros, não são franjas que apenas se agregam ao sigilo.

Afirmamos isso por se tratar de elementos apontados pelas profissionais como requisitos à atuação de modo crítico, qualificado e com perspectiva de totalidade, que se agregam à conduta profissional eticamente comprometida, com a qualidade da prestação dos serviços e com os direitos dos usuários, o que se relaciona à discussão do sigilo.

Destacamos, como o mais importante, que a conformação da postura ética crítica desses profissionais não se configura só pelas suas falas, na defesa dos princípios éticos da profissão. O que, sobretudo, os qualifica na condição de portadores de uma posição crítica é a concretude das ações que desenvolvem, e que certamente se diferenciam de práticas conformistas e conservadoras.

Lembrando dos clássicos, como Voltaire, para não perdermos de vista com quem deve ser firmado e reafirmado cotidianamente o nosso compromisso ético-político: "Encontrou-se, em boa política, o segredo de fazer morrer de fome aqueles que, cultivando a terra, fazem viver os outros".

CONSIDERAÇÕES FINAIS

Dos rios se diz que são violentos
Mas ninguém diz
Violentas
As margens que os comprimem.

Bertold Brecht

Procurando percorrer um caminho que pudesse, a princípio, fornecer elementos à abordagem central do presente estudo, que é o sigilo profissional no trabalho de assistentes sociais e os dilemas e as alternativas à afirmação dos direitos humanos, situamos a nossa perspectiva de análise, fundamentando-a na dissertação da ética e dos direitos humanos, contextualizando-os no atual momento histórico.

Apesar do celebrado marco histórico da instituição dos direitos individuais, evoluindo do período de submissão da vassalagem, pelo critério de nascença, do poder de mando absoluto da aristocracia feudal, da Igreja e da monarquia, e mesmo com a evolução dos direitos para outras gerações de conquistas, a propriedade privada concentra o peso das demais garantias legais. Ainda que positivadas em cartas, têm o seu limite de realização demarcado pelo próprio regramento jurídico que propõe uma sociedade de igualdade de direitos.

Somente pelo engajamento nas lutas sociais será possível superar a concepção restrita de direitos humanos, alterando a correlação de forças, com vistas a vislumbrarmos o acesso à igualdade de acesso à riqueza coletivamente produzida. Segundo Fernandes (1989, p. 362):

> É preciso despertar a cultura cívica e associar a vida social cotidiana à formação de uma consciência de classe crítica e autoemancipadora. Essa é a via para extinguir-se a tutela militar, os golpes de Estado e a autocracia burguesa. A Constituição só é um recurso para atingir tal objetivo caso ela se converta em valor e caso se insira no quadro real das lutas políticas da maioria para conquistar liberdade com igualdade.

O próprio sistema jurídico burguês abarcou uma concepção de direitos humanos mais ampliada, como consubstanciado na nossa Constituição, a mais progressista de todas, na sua formatação jurídico-filosófica. Não se deve menosprezar tal avanço, considerando as contradições subjacentes ao processo de incorporação dos direitos. Considerar a importância das conquistas não implica abandonar a ideologia que move as lutas pela superação do modelo de sociedade. Fernandes (1989, p. 360), referindo-se ao processo histórico de construção e o que resultou na nossa Constituição:

> [...] Passei muito tempo examinando os passos que demos (e que deixamos de dar) e tentei descobrir como ela responde ao solo histórico e o nega. Das invenções humanas, ela é a mais complexa e sutil, mistificadora e hipócrita, verdadeira e cruel. Ostenta os rasgos utópicos — mesmo os que nascem para serem gestos e símbolos —, oculta os vínculos ideológicos — até os mais necessários — e dissimula a sua essência: o poder, na forma que ele é exercido por pessoas, instituições e formações sociais do tope. Ela também pode ser uma aventura, em vários sentidos, durar pouco ou muito. Na verdade, nascida da vontade coletiva de elites, classes ou nações, poderá viver ou morrer tão fácil e fragilmente quanto os seus inventores e portadores.

A superação de um modelo de sociedade pautada pelo ordenamento do capital supõe suplantar a sua lógica, que tem na divisão de classes dinamizada pelas opressões o seu fio condutor. A necessidade de aprofundamento dos direitos juridicamente estabelecidos deve forjar a coesão de forças no campo crítico, na busca de patamares coletivos de civilidade.

A Constituição baliza a concepção dos direitos humanos (no art. 3º, que institui os objetivos fundamentais da nação), ao comportar a construção de "uma sociedade livre, justa e solidária" e a promoção do "bem de todos, sem preconceitos de origem, raça, sexo, cor, idade e quaisquer outras formas de discriminação", o que em si não garante a sua realização.

Fundamentados em Mészáros (2004, p. 485), que analisa as mediações da realidade que tergiversam à manutenção do *status quo* e tem no senso comum o seu porto mais seguro, desviando de cursos radicalizados à transformação das condições históricas, mesmo em momentos de agudização das crises:

> Tendo em vista a constituição primordial do "senso comum", manifesta em sua orientação para a estabilidade e para a reprodução social relativamente tranquila, mesmo em período de crise persistente a primeira reação tende a ser a de seguir "a linha da menor resistência". Isto porque essa última promete realizar o objetivo desejado com maior probabilidade que a adoção de cursos de ação mais radicais (e, à luz da "normalidade" do passado, por definição mais imprevisível).

E fazendo paralelo com o pensamento de Saramago: "Há duas palavras que não se podem usar: uma é sempre, outra é nunca", por nos conduzir a pensar no sentido da reflexão ética, na perspectiva crítica, para a qual não cabem generalizações, de nenhuma ordem, de forma a não sucumbirmos em posturas preconcebidas, cujas apreensões superficiais são sedimentadas por exemplos repetidos pelo tempo, sem aprofundamento da gênese dos fatos: "sempre foi assim..."

A contraposição à palavra nunca, na mesma frase, remete às possibilidades históricas de construção e reconstrução dos acontecimentos, ao vir a ser, o que é inerente ao horizonte ideológico que alicerça nosso projeto de profissão. Como o filósofo Fukuyama não acertou na sua miragem pessimista do prolatado fim da história (com a queda do muro de Berlim); mesmo que aparente utópico nos tempos atuais atingir um modelo de relações que transcenda os valores instituídos pela ordem do capital, serve como um farol a nos guiar no caminho teleológico de realizações emancipadas. E isso não é pouca coisa, visto que na caminhada temos o potencial de semear frutos de um outro mundo possível.

A apresentação de relatos de experiências profissionais, marcadas por posturas críticas, comprometidas com os direitos humanos, permitiu-nos ressaltar situações complexas, dentre as vivências das entrevistadas e suas apreensões da realidade; paralelamente, com sugestões de caminhos alternativos, objetivando transpor bloqueios que apartam as pessoas desprovidas dos direitos mais básicos, abrindo algumas frestas.

Na condição objetiva e subjetiva de portadores de autonomia relativa, imersos na teia das contradições das relações sociais, vislumbram-se possibilidades de manejo de uma margem de direcionamento dos projetos e dos seus conteúdos ideopolíticos. Nesse sentido, Guerra (1995, p. 198) nos remonta à instituição da profissão e às suas particularidades:

> [...] tendo a sua profissionalização vinculada às formas repressivas e controlistas de intervenção estatal nas "questões sociais", à manipulação de variáveis de contexto social, à administração do cotidiano das classes pauperizadas etc., tais atribuições passam a se constituir nos critérios de validação da profissão. Se o Serviço Social é reconhecido pelos resultados que possa alcançar, tendo em vista dar suporte às funções do Estado, a necessidade fundamental que mobiliza sua institucionalização restringe sua intervenção à execução de ações instrumentais. Na funcionalidade do Serviço Social, a nosso ver, localizam-se as particularidades da profissão, advindas de atribuições externas, objetivas, historicamente determinadas, que transcendem o "livre arbítrio" dos seus agentes, mas construídas pelos sujeitos no seu processo de intervenção profissional.

A margem para manobrar a nossa autonomia profissional está condicionada, em certa medida, à apreensão que pudermos alcançar da complexidade da realidade e, segundo Netto (1999), dos projetos individuais e profissionais que compõem o projeto de sociedade, aos quais aderimos e reforçamos. Autonomia que pode ser fragilizada quando as condições de trabalho apresentam desafios, mergulhadas num contexto de retração de direitos, contando com a privatização a galope dos serviços públicos essenciais e gerando a precarização de toda uma rede de relações de trabalho, exigindo-nos tenacidade e permanente articulação coletiva.

Com toda a tensão pairando nos ambientes de trabalho, podendo convergir com a fragilização de posturas de enfrentamento das regressões de direitos, somos impelidos, como dever ético, em nos colocarmos em alerta, para não sucumbirmos às requisições institucionais que afrontam direitos e a liberdade da população. Estratégias de invasão da vida privada têm sido pauta das políticas públicas, com termos amplamente utilizados, como vigilância, monitoramento, acompanhamento de cumprimento de condicionalidades e toda sorte de terminologias com conotação de controle da vida dos trabalhadores.

Nessa lógica, a categoria é demandada a se portar como uma verdadeira "instituição moral", no controle de comportamentos, para servir como os "olhos e ouvidos" dos poderes constituídos. Nesses contextos, o sigilo profissional é diretamente afetado, dado que determinações institucionais, por exemplo, para a realização de visitas domiciliares com finalidade fiscalizatória do uso de benefícios, infringem o direito à privacidade das pessoas.

Uma fragilidade das políticas sociais, em especial da assistência social, é a centralidade da família e não da questão social, fragmentando a apreensão da realidade e das suas demandas e imputando responsabilidades a indivíduos, com foco no papel da mulher na administração dos recursos e na organização da família e das condicionalidades impostas.

Uma das profissionais fez uma importante reflexão acerca de condutas indevidas de profissionais, ao adotarem o direcionamento ético-político institucional conservador, o que contraria a orientação do Código de Ética (art. 3º, "c") de abstenção "[...] de práticas que caracterizem a censura, o cerceamento da liberdade, o policiamento dos comportamentos [...]". Nos termos da profissional:

> Entendo necessário apontar as reflexões acerca do uso que o Poder Judiciário faz dos profissionais que atuam na rede como "fiscalizadores de comportamentos" dos/as adolescentes e suas famílias, armadilha em que muitos profissionais são aprisionados por dificuldades de conhecimento e/ou posicionamento acerca de suas atribuições.

Assim como apontou a entrevistada, quando não se tem clareza das possibilidades da profissão, é mais fácil acomodar-se aos desmandos técnicos e ideológicos institucionais, o que fragiliza a identidade profissional, anulando a sua razão de existir, que deve se direcionar pela defesa dos direitos da classe trabalhadora. Considera-se, ainda, o peso do rescaldo das contradições de uma sociedade de classes, ora mais permeável a influências de propostas críticas, ora mais acentuado o limite que as obstaculizam.

Tais limites, dependendo do nível de recrudescimento da precarização das condições de trabalho, resultado da diminuição de investimentos (financeiros e políticos) em políticas sociais e, submetidos a gestões antidemocráticas dos serviços, que não investem no bem-estar dos ambientes de trabalho, têm infringido excesso de demandas e responsabilidades, a fragmentação das relações e o isolamento nos enfrentamentos, gerando quadros de adoecimento os mais nocivos (Vicente, 2018).

Várias áreas de inserção da categoria se relacionam aos poderes do Sistema de Justiça, que têm sido demandados por questões que poderiam ser tratadas na esfera política da sociedade. As pautas da justiça mais polêmicas são originadas internamente nos órgãos que compõem tal sistema ou motivadas pela sociedade, pelo debate que emerge das necessidades da realidade, muitas se relacionando às políticas públicas e aos direitos humanos.

Isso tem se dado na categoria, quando, sem fazer a leitura política das situações, profissionais depositam recorrentemente nos órgãos do Sistema de Justiça a única possibilidade de resolução de conflitos. A judicialização é o canto da sereia: faz-nos sucumbir ao poder atribuído às leis, como se os "seus guardiões" pudessem incorporar o papel de julgadores com isenção de ânimo, decidindo em prol dos princípios constitucionais, acima dos conflitos de classe.

Somando-se à alienação da vida cotidiana, reificada por preconceitos, orquestra-se ainda mais a restrição das possibilidades de concretização da liberdade na dimensão da vida privada e da profissional, já que não é possível fazer uma demarcação, no sentido de impor uma linha divisória entre os valores que compõem nosso projeto individual dos que conformam o projeto de profissão; ambos integram as visões de mundo. Segundo Oliveira (2018, p. 287), há um "dilema entre a ideologia e a prática e não entre a teoria e a prática!"

A defesa de relações que se retroalimentam em condições de igualdade e alteridade pode parecer algo que se põe no campo do inatingível, quando constatamos acentuação na dificuldade da construção coletiva de posturas pautadas por valores até mesmo de tolerância/aceitação de escolhas.

Propomo-nos a percorrer o caminho na direção contrária a posturas que reforçam práticas alienadas, ao abordarmos o tema do sigilo e dos direitos humanos via situações concretas, apresentando as reflexões que as profissionais se referenciaram nas suas escolhas. Procuramos demonstrar que posições críticas/autônomas, no seu sentido ideopolítico, não condizem com a valoração maniqueísta das ações, o que ocorre quando se busca encaixar a teoria e as normas, *a priori*, sem considerar as mediações/circunstâncias das situações concretas — fazendo a ressalva que a proposta defendida não é a de tomar o caminho do relativismo/banalização de princípios, moldando-os às conveniências e aos interesses particulares.

A atuação profissional propositiva e criativa torna-se uma exigência. Posturas audaciosas, na busca de novas experiências, podem ser encontradas com parceiros que conseguiram avançar em algumas estratégias. Uma das apostas a se lançar mão está nas possibilidades que a arte proporciona como suporte às metodologias de trabalho, facilitando a reflexão, a aproximação das pessoas e a coesão de posições. O uso de filmes, músicas, poesia, literatura, o teatro para gerar discussões é um caminho muito produtivo e libertador, pela potencialidade que a dimensão da cultura carrega[1].

Pelas experiências concretas, vimos que as competências efetivadas individualmente, mesmo com toda a qualificação e criatividade empenhadas nos projetos, não substituem nem se sobrepõem ao que é construído coletivamente. A figura de um profissional como referência técnica, que se proponha a atuar em parceria, numa relação horizontal, de forma a, de fato, proporcionar suporte técnico-operativo e ético-político, é uma das condições que nem todos os profissionais dispõem e em muito agrega a um trabalho com diretrizes mais amplas — o que algumas entrevistadas profissionais apontaram.

Partimos quase sempre, na discussão da ética, como é o esperado, pelo Código de Ética. Importa a compreensão que, sob a perspectiva política de cada momento histórico e o acúmulo ético-político da categoria, cada um dos Códigos se fez e, nessa dinâmica, conformou o tratamento dado ao sigilo. O Código de Ética é um comando da Lei de Regulamentação da Profissão e tem sua marca banhada pela contextualização histórica em que é pensado, assim como outras normativas e construções sociais. O conteúdo dispensado ao sigilo no atual Código é o mais amplo de todos, abarcando um extenso detalhamento de orientações, contudo entendendo que a realidade é sempre muito mais complexa do que as normas podem suprir, o que nos exige a apreensão ontológica das diretrizes e princípios que as fundam.

Apesar de ser a regra, o sigilo, como vimos, não é um dever fechado e acabado, como as falas das profissionais demonstraram,

---

[1]. Nos volumes da Biblioteca Básica do Serviço Social, da Cortez Editora, de Barroco (2008) e de Cisne/Santos (2018), consta importante relação de indicações culturais que subsidiam metodologias de trabalho.

eivando o trabalho profissional de desafios e constantes reflexões. Reflexões no curso da defesa da manutenção do sigilo, e, nas situações que fogem à regra, tem na sua revelação o caminho mais estratégico. Em ambas as direções, parte do princípio da ampliação dos direitos dos usuários, na construção conjunta com tais sujeitos.

O Código e outras normativas da profissão e legislações gerais são uma possibilidade concreta de respaldar o exercício profissional, entendendo que se trata de instrumentos em defesa das prerrogativas da profissão e dos direitos dos seus usuários; nessa medida, na defesa dos profissionais que atuam em coesão aos seus princípios ético-políticos.

Temos observado que, em geral, quando se pauta a discussão do sigilo, os seus determinantes são puxados ao centro do debate, remetendo, não raras vezes, à necessidade de discutir os fundamentos da profissão e as condições em que se materializa, na medida em que as dimensões da profissão só podem ser compreendidas e realizadas de forma amalgamada.

Nesse processo de apropriação da discussão dos fundamentos da profissão, as diretrizes curriculares são um elo fundamental. Para além dos seus conteúdos que tratam das relações sociais do modo de produção, da metodologia e ética profissional, entre outros componentes essenciais, a assimilação das particularidades da constituição da sociedade brasileira implica nos inserirmos nos significados da construção da nossa história, marcada pela divisão de classes, pelo racismo e pelo patriarcado.

Partindo de uma análise mais completa da realidade, o que o referencial teórico-metodológico na perspectiva crítica possibilita, dispomos de dados fundamentais para projetar as ações e seus resultados, com as dimensões da análise e da ação se retroalimentando sucessivamente, pois "apenas quando somos instruídos pela realidade é que podemos mudá-la" (Brecht).

O tempo todo, as profissionais entrevistadas demonstraram que fizeram escolhas concretas, com ousadia e coerência com o que defendem teoricamente, denotando se amparar na autonomia e ampliação dos direitos dos sujeitos envolvidos nas suas ações, sejam outros profissionais, colegas de profissão e, sobretudo, os trabalhadores, usuários das políticas públicas.

Essencialmente, essas profissionais demonstraram posição e atuação concretas na defesa intransigente dos direitos humanos, nos diversos cenários e situações específicas relacionadas ao sigilo no Serviço Social.

Encerramos com a assertiva do genial Karl Marx, mais atual do que nunca, pela vitalidade do seu pensamento em tempos de intensificação da expropriação do lucro da força de trabalho, motriz para a sustentação do modo de produção do capital: "O trabalho não é a satisfação de uma necessidade, mas apenas um meio para satisfazer outras necessidades".

Necessidades que movem um mundo de privilégios para poucos e cujo modelo é possível romper, pelas mãos dos homens e mulheres explorados/as, como esse velho barbudo assegurava: "A emancipação dos trabalhadores será obra dos próprios trabalhadores", classe a qual a categoria de assistentes sociais é pertencente e, inspirada pelas diretrizes éticas e políticas do nosso projeto de profissão, se põe no campo da disputa ético-política potencialmente emancipatória, tendo a liberdade, os direitos humanos e o sigilo profissional inscritos em tais princípios valorativos fundamentais.

Há homens que lutam um dia, e são bons;
Há outros que lutam às vezes, e são melhores;
Há aqueles que lutam regularmente, e são muito bons;
Porém há os que lutam sempre, estes são os imprescindíveis...

Bertolt Brecht

REFERÊNCIAS

ABAS. Código de Ética Profissional dos Assistentes Sociais. *Revista Serviço Social*, São Paulo, n. 48, 1948.

ALBUQUERQUE, Valéria. Serviço Social e trabalho docente: precarização e intensificação nas instituições privadas de ensino. In: RAICHELIS, R. et al. *A nova morfologia do trabalho no Serviço Social*. São Paulo: Cortez, 2018.

ALMEIDA, Fernanda Araújo. Mulheres e uso problemático de álcool e outras drogas: desmontando estigmas e colhendo sonhos. In: *Direito à cidade*: uma outra visão de gênero. São Paulo: Instituto Brasileiro de Direito Urbanístico, 2017.

ANTUNES, Ricardo L. *Adeus ao trabalho? Ensaio sobre as metamorfoses e a centralidade do mundo do trabalho*. São Paulo: Cortez, 1995.

BARRETO, Vera. *Paulo Freire para educadores*. 6. ed. São Paulo: Arte & Ciência, 2004.

BARROCO, Maria Lucia Silva. *Ética e Serviço Social*: fundamentos ontológicos. São Paulo: Cortez, 2001.

_____. O novo Código de Ética Profissional do Assistente Social. *Revista Serviço Social e Sociedade*, São Paulo, n. 41, 1993.

BARROCO, Maria Lucia Silva; TERRA, Sylvia Helena. *Código de Ética do/a Assistente Social Comentado*. São Paulo: Cortez, 2012.

BRAZ, Marcelo (org.). *José Paulo Netto. Ensaios de um marxista sem repouso*. São Paulo: Cortez, 2017.

BRITES, Cristina Maria; SALES, Mione Apolinário. *Ética e práxis profissional*. Brasília: CFESS, 2000.

BRITES, Cristina. *Psicoativos (drogas) e Serviço Social*: uma crítica ao proibicionismo. São Paulo: Cortez, 2017.

CRESS/SP. *Legislação e resoluções sobre o trabalho do/a Assistente Social*. São Paulo: Cress/SP, 2011.

CFAS. *Código de Ética Profissional do Assistente Social*. Rio de Janeiro: CFAS, 1965.

_____. *Código de Ética Profissional do Assistente Social*. Rio de Janeiro: CFAS, 1975.

_____. *Código de Ética Profissional do Assistente Social*. Rio de Janeiro: CFAS, 1986.

CFESS. *Código de Ética do Assistente Social e Lei 8.662/93 de Regulamentação da Profissão*. 10. ed. revista e atualizada. Brasília: CFESS, 2012.

_____. *Parâmetros para atuação de assistentes sociais na política de saúde*. Série Trabalho e projeto profissional nas políticas sociais. Brasília: CFESS, 2010.

_____. *Parâmetros para atuação de assistentes sociais na Política de Assistência Social*. Série Trabalho e projeto profissional nas políticas sociais. Brasília: CFESS, 2011.

CFESS e CFP. *Parâmetros para atuação de assistentes sociais e psicólogos/as na Política de Assistência Social*. Brasília: CFESS e CFP, 2007.

CITADINNO, Gisele. *Comentários a uma sentença anunciada — O Processo Lula*. São Paulo: Práxis, 2018.

DIAS, Orlene Veloso et al. Segredo profissional e sua importância na prática de enfermeiros e odontólogos. *Revista Bioética*, Brasília, n. 23, 2013.

FERNANDES, Florestan. *A Constituição inacabada* — Vias históricas e significado político. São Paulo: Estação Liberdade, 1989.

FERNANDES, Neide Aparecida. *A atuação do Conselho Regional de Serviço Social de São Paulo em relação às denúncias éticas*: 1993 a 2000. Dissertação (Mestrado) — PUC, São Paulo, 2004.

GALLEGO, Esther Solano. As novas configurações das direitas no Brasil. *Revista Cult*, n. 234. Dossiê — Quem são e o que querem as novas direitas brasileiras? São Paulo: Revista Brasileira de Cultura, 2018.

_____; ORTELLADO, Pablo; RIBEIRO, Marcio Moretto. Guerras culturais e populismo antipetista nas manifestações por apoio à Operação Lava Jato e contra a reforma de previdência. *Em Debate*, Belo Horizonte, v. 9, n. 2, p. 35-45, 2017. Disponível em: <http://opiniaopublica.ufmg.br/site/files/artigo/7.pdf>. Acesso em: 20 ago. 2018.

GONÇALVES, Mirian. *Enciclopédia do Golpe*. Volume II: O papel da mídia. São Paulo: Práxis, 2016.

GUERRA, Yolanda. O estágio supervisionado como espaço de síntese da unidade dialética entre teoria e prática: o perfil do profissional em disputa. In: LEWGOY, Alzira et al. *A supervisão de estágio em serviço social*: aprendizados, processos e desafios. Rio de Janeiro: Lumen Juris, 2016.

_____. *A instrumentalidade do Serviço Social*. São Paulo: Cortez, 1995.

HELLER, Agner. *O cotidiano e a história*. 6. ed. São Paulo: Paz e Terra, 2000.

IAMAMOTO, Marilda Villela; CARVALHO, Raul. *Relações sociais e serviço social no Brasil*: esboço de uma interpretação histórico-metodológica. 11. ed. São Paulo: Cortez, 1996.

IAMAMOTO, Maria Villela. *O Serviço Social na contemporaneidade*: trabalho e formação profissional. São Paulo: Cortez, 1998.

LESSA, Sérgio. *A ontologia de Lukács*. Maceió: Edufal, 1997.

MARTINS, Matheus. *Sigilo profissional*. Blog Pesquisa Universitária, 2015.

MATOS, Maurílio. *Serviço Social, ética e saúde*: reflexões para o exercício profissional. São Paulo: Cortez, 2013.

MÉSZÁROS, István. *O poder da ideologia*. São Paulo: Boitempo, 2004.

NETTO, José Paulo. *Ditadura e Serviço Social*: uma análise do Serviço Social no Brasil pós-64. 3. ed. São Paulo: Cortez, 1996.

_____. A construção do projeto ético-político do Serviço Social frente à crise contemporânea. In: CFESS/Abepss; Cead/UnB. *Crise contemporânea, questão social e Serviço Social*: capacitação em Serviço Social e política social. Brasília: Cead, 1999.

OLIVEIRA, Fernando José Vianna. *Crimes previstos nos arts. 150 a 154 do Código Penal e o conflito aparente de normas*. Brasília: Conteúdo Jurídico, 2011.

OLIVEIRA, Isaura Isoldi de Mello Castanho. Trabalho profissional no Serviço Social: inquietações de uma professora de graduação. In: RAICHELIS, Raquel et al. *A nova morfologia do trabalho no Serviço Social*. São Paulo: Cortez, 2018.

PIKETTY, Thomas. Brasil não cresce se não reduzir sua desigualdade, diz Thomas Piketty. In: *Entrevista Folha de S. Paulo* n. 32.320, Caderno Mercado, 2017.

REDE SOCIAL DE JUSTIÇA E DIREITOS HUMANOS. *Direitos Humanos no Brasil 2017* — Relatório da Rede Social de Justiça e Direitos Humanos. São Paulo: Expressão Popular, 2017.

RIOS, Terezinha Azerêdo A. *Ética e competência*. 2. ed. São Paulo: Cortez, 1994.

SIMÕES, Carlos. *Curso de Direito do Serviço Social*. São Paulo: Cortez, 2008. (Biblioteca Básica — Serviço Social).

SOUZA, Jessé de. *A elite do atraso* — Da escravidão à Lava Jato. São Paulo: Leya, 2017.

_____. Intérprete de um Brasil só. *Revista Cult*, n. 234. Dossiê — Quem são e o que querem as novas direitas brasileiras? São Paulo: Revista Brasileira de Cultura, 2018.

TELES, Barbara Caramuru. *Enciclopédia do Golpe*. Volume I. São Paulo: Práxis, 2016.

TRINDADE, José Damião de Lima. *Os direitos humanos na perspectiva de Marx e Engels — Emancipação política e emancipação humana*. São Paulo: Alfa-Omega, 2011.

VICENTE, Damares. Serviço Social, trabalho e desgaste mental. In: RAICHELIS, Raquel et al. *A nova morfologia do trabalho no Serviço Social*. São Paulo: Cortez, 2018.

VIEIRA, Tereza. O sigilo profissional e as determinações do Poder Público. *Revista Jurídica Consulex*, Brasília, n. 185, 2004.

VINAGRE, Marlise; PEREIRA, Tania Maria Dahmer. *Ética e Direitos Humanos. Curso de Capacitação Ética para Agentes Multiplicadores 4*. 2. ed. Brasília: Cfess, 2007.

YAZBEK, Maria Carmelita. *Classes subalternas e assistência social*. 4. ed. São Paulo: Cortez, 2003.

LEIA TAMBÉM

CÓDIGO DE ÉTICA DO/A ASSISTENTE SOCIAL
COMENTADO

Conselho Federal de Serviço Social – CFESS (Org.)
Maria Lucia Silva Barroco
Sylvia Helena Terra

1ª edição - 16ª reimp. (2018)

264 páginas

ISBN 978-85-249-1920-6

Este livro preenche uma lacuna. Não havia até agora um texto acadêmico destinado a comentar o Código de Ética em vigor, de 1993, na sua totalidade. As autoras comentam o Código em seus fundamentos sócio-históricos e ontológicos, bem como em suas reais possibilidades de materialização, no contexto de uma sociabilidade fundada na acumulação e na propriedade privada.

LEIA TAMBÉM

SERVIÇO SOCIAL, ÉTICA E SAÚDE:
reflexões para o exercício profissional

Maurílio Castro de Matos

2ª edição (2017)

168 páginas

ISBN 978-85-249-2525-2

O autor tem como preocupação central o desvelamento da realidade e seus impactos nos serviços de saúde, visando defender uma adesão crítica e consciente pelos profissionais de Serviço Social aos projetos Ético-Político e da Reforma Sanitária. A leitura deste livro é um alerta contra a mercantilização da saúde e uma defesa da ação compromissada dos assistentes sociais na defesa do SUS público e universal.